増補改訂版

宇宙と意識

空 不動

Kuu Fudou

献文舎

非対称モデルの問題点 ［1］

減速・加速	等速	加速・減速	加速・減速	等速	減速・加速

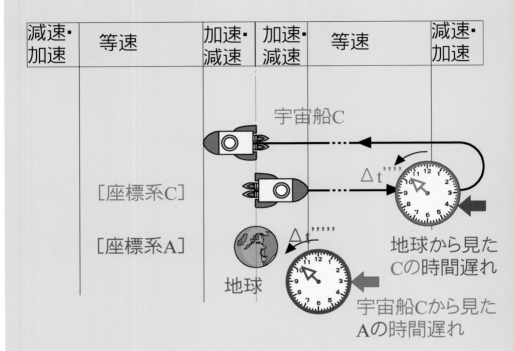

［座標系A］（地球）と［座標系C］（宇宙船）とは物理学
的に非対称である。
［座標系A］と［座標系C］とは、互いに非対称な地球の
重力の影響を受ける。

このモデルは地球近くの空間の歪みが問題を複雑化する。
特殊相対性理論による効果と一般相対性理論による
効果を分離する必要がある。

巻頭図1

対称モデルの提案 　[2]

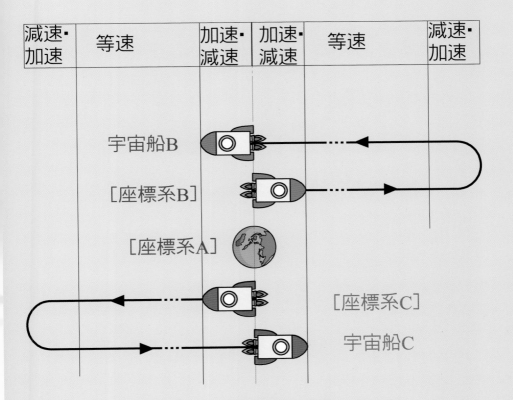

減速・加速	等速	加速・減速	加速・減速	等速	減速・加速

宇宙船B

[座標系B]

[座標系A]

[座標系C]

宇宙船C

[座標系B]と[座標系C]とは対称的である。
[座標系A]（地球）は両者に対等で無視できる。

このモデルでは宇宙船Bと宇宙船Cは、共に同じように
地球の重力の影響を受けるので一般相対性理論の効果
が打ち消して、特殊相対性理論だけの効果を議論できる。

巻頭図2

対称モデルでの思考実験　[3]

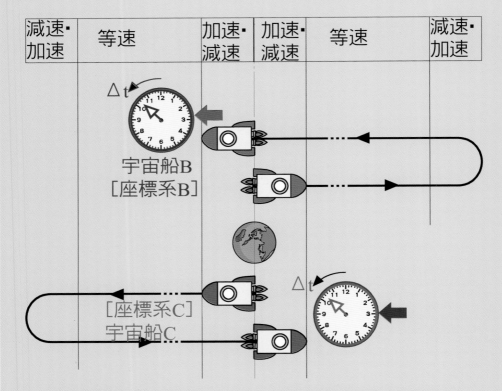

減速・加速	等速	加速・減速	加速・減速	等速	減速・加速

宇宙船B
[座標系B]

[座標系C]
宇宙船C

[座標系B]と[座標系C]とは対称的配置である。
宇宙船Bと宇宙船Cとは、共に同じ地球の影響を受ける。
互いに、重力の影響をキャンセルできる。

BからCを見た時のCの時計を[B→C]Cとする。
[B→C]C＝△t／同様に[C→B]B＝△t
∴△t＝△t

巻頭図3

対称モデルの思考実験[4]

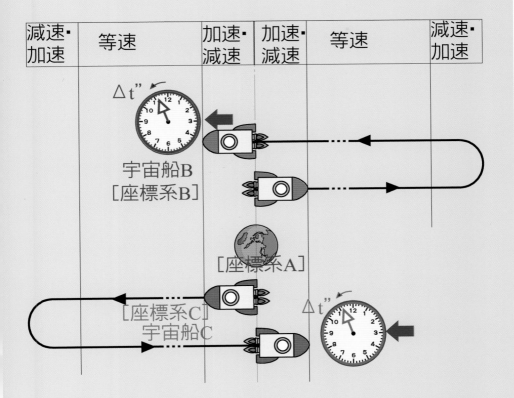

減速・加速	等速	加速・減速	加速・減速	等速	減速・加速

[座標系A]から見て[座標系B]と[座標系C]とは対称的である。
Aから見たBの時計を[A→B]Bとする。
[A→B]B＝△t" ／同様に[A→C]C＝△t"。
∴△t"＝△t"
△t"＝△t"と前ページの△t＝△tとは常識に矛盾する。

巻頭図4

v

多世界宇宙への導入

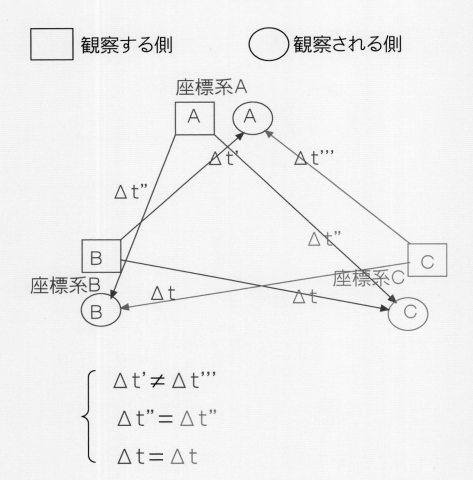

4次元空間(x,y,z,t)では上記関係を満足させる解はない。
6次元空間(p,q,r,s,u,w)でなら解は存在する。
多世界宇宙を想起させる。

巻頭図5

地球から観察した
衛星の時計

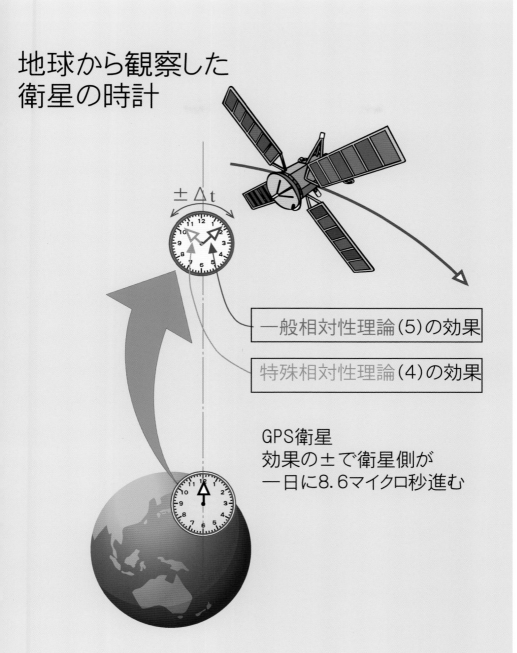

$\pm \triangle t$

一般相対性理論（5）の効果

特殊相対性理論（4）の効果

GPS衛星
効果の±で衛星側が
一日に8.6マイクロ秒進む

巻頭図6

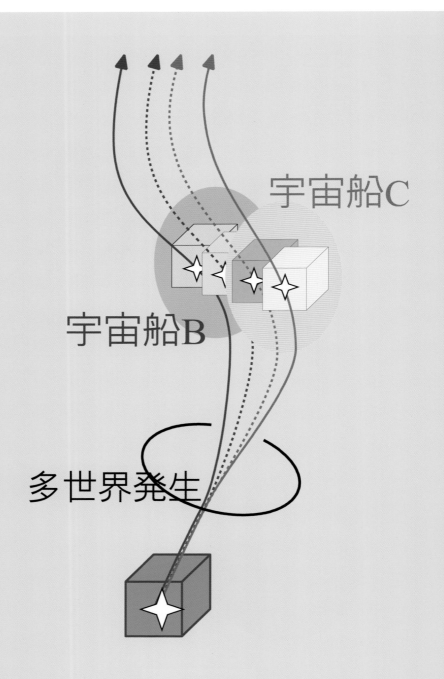

宇宙船C

宇宙船B

多世界発生

巻頭図7

二重スリット問題

スクリーン

観測なし

スリット　　二重スリット

波動　　　波動　　　波動

粒子

未現象／元現象　　　　　　　　現象

観測

波動の性質
を失う

波動　　　波動

粒子　　　粒子　　　粒子

未現象／元現象　　　　　　　　現象

巻頭図8

ix

統合時間平面(u,p)

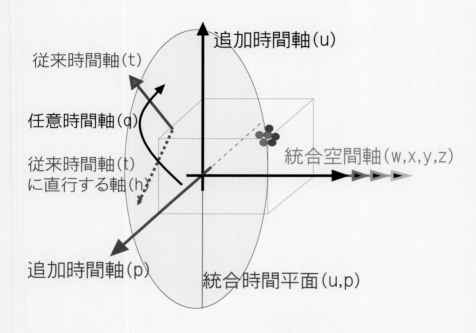

追加時間軸(u)

従来時間軸(t)

任意時間軸(q)

従来時間軸(t)
に直行する軸(h)

追加時間軸(p)

統合空間軸(w,x,y,z)

統合時間平面(u,p)

追加空間軸(w)＋従来空間軸(x, y, z)を合わせた統合空間軸(w,x,y,z)を定義する。

統合空間軸(w,x,y,z)に直交する統合時間平面(u,p)を構成する二軸は互いに直交している2軸である。
任意時間軸(q)がこの面内の曲線として自由な方向を取り得る。

我々の世界では従来時間軸(t)とそれに直行する時間軸を(h)を定義する。
原点が(0,0)でないのは、(q)及び(t)の始まりが任意であるからである。

巻頭図9

多世界宇宙

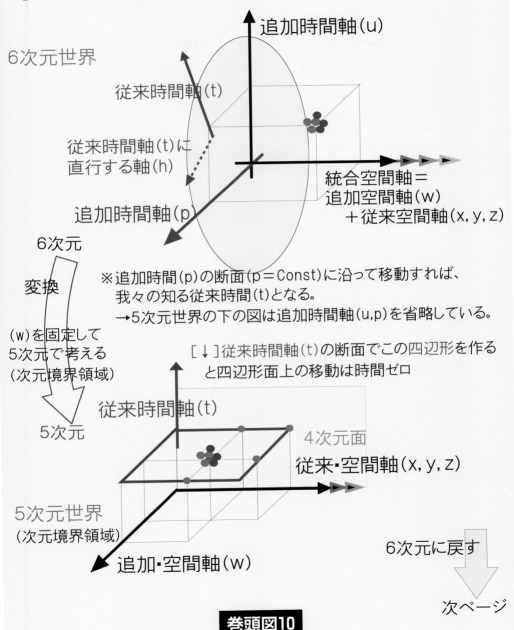

6次元世界

追加時間軸(u)

従来時間軸(t)

従来時間軸(t)に
直行する軸(h)

追加時間軸(p)

統合空間軸＝
追加空間軸(w)
＋従来空間軸(x, y, z)

6次元

変換

(w)を固定して
5次元で考える
(次元境界領域)

5次元

※追加時間(p)の断面(p＝Const)に沿って移動すれば、
　我々の知る従来時間(t)となる。
　→5次元世界の下の図は追加時間軸(u, p)を省略している。

[↓]従来時間軸(t)の断面でこの四辺形を作る
　と四辺形面上の移動は時間ゼロ

従来時間軸(t)

4次元面

従来・空間軸(x, y, z)

5次元世界
(次元境界領域)

追加・空間軸(w)

6次元に戻す

次ページ

6次元空間

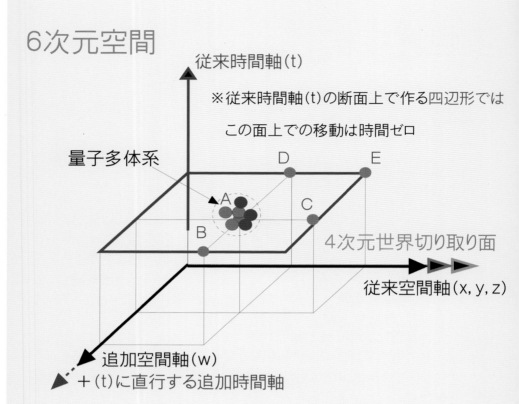

従来時間軸(t)

※従来時間軸(t)の断面上で作る四辺形では

この面上での移動は時間ゼロ

量子多体系

D   E

A

C

B

4次元世界切り取り面

従来空間軸(x, y, z)

追加空間軸(w)

＋(t)に直行する追加時間軸

「量子もつれ」の説明

・6次元空間のAには量子多体系が存在する。
・Aの粒子は時間0で他のB、C、D、Eに移動又は情報伝達できる。
・D、Eは4次元世界の2点を示す。
・4次元世界でD→E、E→Dの移動、及び信号伝送には時間は有限と
　なる。量子もつれは成り立たない。
・A→D、A→C、C→Dは時間0。反対←も0
・Eの情報変化はA→C、C→A、A→Dと時間0で伝わる。
・反対方向も同じ。「量子もつれ」が成り立つ。

巻頭図11

6次元世界から4次元世界の切り取り

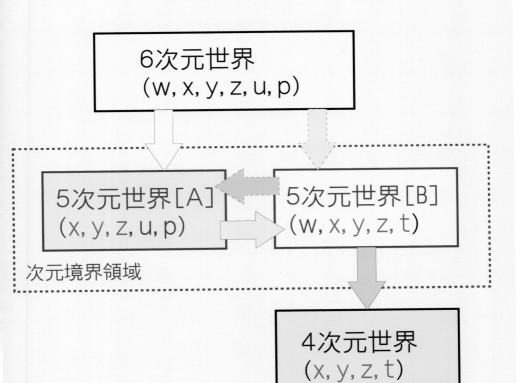

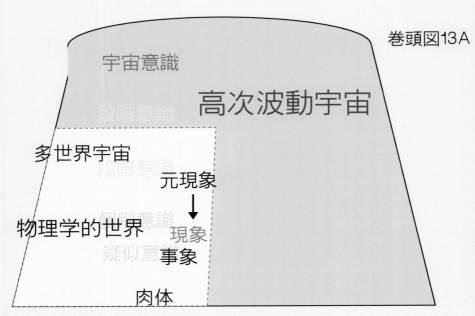

巻頭図13A

宇宙意識

高次波動宇宙

段階意識

多世界宇宙

段階意識

元現象

↓

個別意識

現象

物理学的世界

疑似意識

事象

肉体

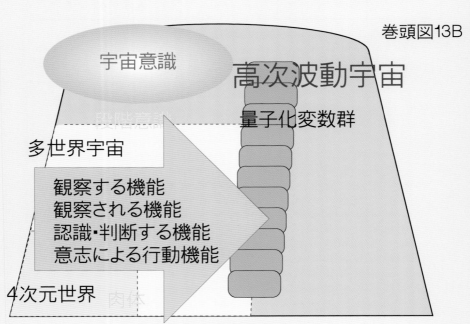

巻頭図13B

宇宙意識

高次波動宇宙

段階意識

量子化変数群

多世界宇宙

観察する機能
観察される機能
認識・判断する機能
意志による行動機能

4次元世界

肉体

巻頭図13

宇宙意識から分離した高次波動宇宙

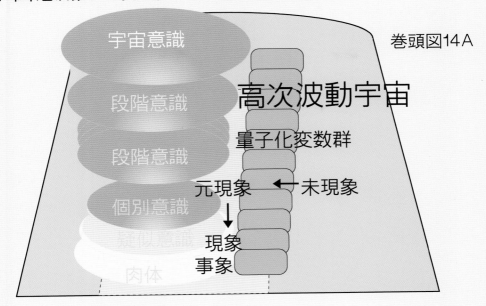

巻頭図14A

宇宙意識

段階意識

段階意識

個別意識

疑似意識

肉体

高次波動宇宙

量子化変数群

元現象　←　未現象

↓

現象

事象

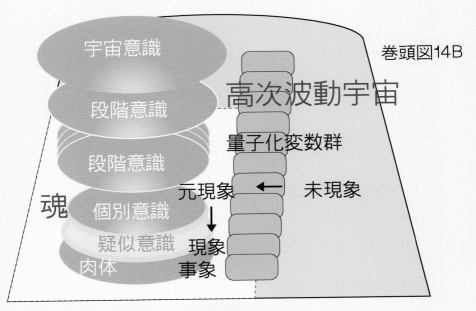

巻頭図14B

宇宙意識

段階意識

段階意識

魂　個別意識

疑似意識

肉体

高次波動宇宙

量子化変数群

元現象　←　未現象

↓

現象

事象

巻頭図14

統合時間平面(u,p)と一元論の概念

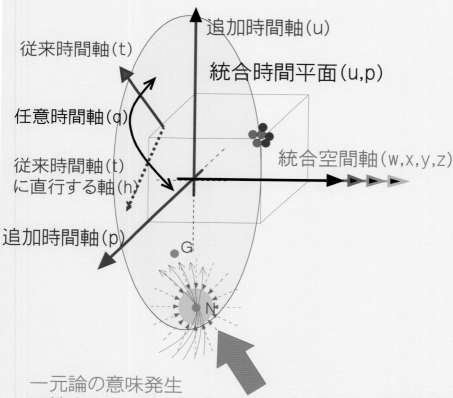

追加時間軸(u)

統合時間平面(u,p)

従来時間軸(t)

任意時間軸(q)

従来時間軸(t)
に直行する軸(h)

統合空間軸(w,x,y,z)

追加時間軸(p)

G

N

一元論の意味発生

現地点(N)は過去現在未来を含む多世界からの制御
(FB)により目的(G)に到達する

現地点Nは時間平面(u,p)の周囲から常に影響を受ける

巻頭図15

般若心経との対応[1]

実在

宇宙意識／段階意識／個別意識／
高次波動宇宙／量子化変数群
意識に纏わる精神作用／フラクタル共鳴

[般若心経との対応]

空／色／受想行識／諸法／般若波羅蜜多

非実在

疑似意識／肉体／肉体に纏わる精神作用
多世界宇宙／6次元世界
統合時間軸／統合空間軸
4次元世界／時間／空間
元現象／現象／事象

[般若心経との対応]

色／受想行識／法／眼耳鼻舌身意／色声
香味触法／眼界乃至意識界／…

巻頭図16

般若心経との対応[2]

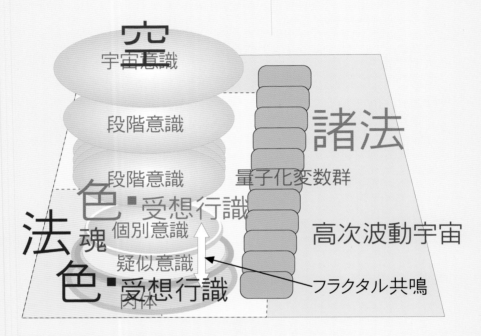

実在としての対応
空は宇宙意識に、魂は色に、個別意識は受想行識に
対応し、諸法は高次波動宇宙に対応する。
般若波羅波羅蜜多はフラクタル共鳴に対応する。

非実在としての対応
色は肉体に、受想行識は疑似意識に、法は多世界
宇宙から切り出した我々の4次元世界に対応する。

巻頭図17

宇宙意識と環境との再会

宇宙意識は最初に自らと環境の二つに分離した。
環境は活動の理念と方針であり「実在」である。
環境は多世界宇宙という生命活動の「場」を生み出した。
これは創造物であり「非実在」である。

宇宙意識から個別意識への分かれたルートは、もう一つの
分かれたルートで、環境から創られた「場」で再び出会う。
つまり、宇宙意識は二ルートに分かれた後、多世界宇宙で
再び出会うことになる。

巻頭図18

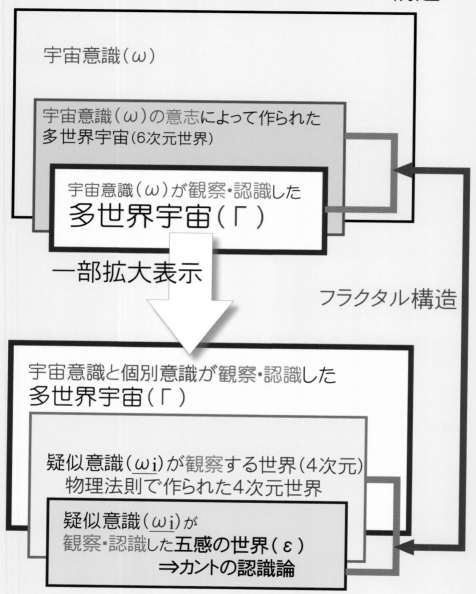

6次元宇宙と4次元宇宙のフラクタル構造

宇宙意識（ω）

宇宙意識（ω）の意志によって作られた
多世界宇宙（6次元世界）

宇宙意識（ω）が観察・認識した
多世界宇宙（Γ）

一部拡大表示

フラクタル構造

宇宙意識と個別意識が観察・認識した
多世界宇宙（Γ）

疑似意識（ωi）が観察する世界（4次元）
物理法則で作られた4次元世界

疑似意識（ωi）が
観察・認識した**五感の世界（ε）**
⇒カントの認識論

巻頭図19

序文

　宇宙像を書きたいというのは私の長年の希望だった。

　私が宇宙像を語る時には物質的宇宙のことだけではなく、宇宙を人間と切り離さずに語るという姿勢を貫いている。

　これまでにYouTubeに発表したものに加筆し、今回ここにより詳しく纏めることが出来た。

　私は宇宙と人間を知りたくて、子供の頃から宇宙には特別の関心があり、大学では物理学を専攻した。しかしそれを今振り返り、この時点では物理学が好きではあっても体系だって理解しているとは言いがたい状況であった。

　自分の知識で物理学を発展させるにはあまりにも未熟であり、分からないことだらけだったが、今になって見れば「分かったつもりにならず分からないことを分からないと思えた」ことがとても良かったと思っている。

　その後も常に物理学の進展に関心を持ち続けてきたおかげで、自分は何が分からなかったのかが今になってやっと分かってきたのである。

　国立大学の研究機関に勤めるようになって工学と医学の境界領域での研究者として11年間就いていた経験から、物理学は全ての学問の基礎となり得ることに自信を持つことができた。

　そこでは研究の進め方や論文の書き方等を自然に学んだと思う。しかし、一方で学術研究者という立場はその時代の常識に沿っていないと排除されたり、変人扱いされるという危険性もあることが分かった。その時に抱いた問題意識も含めて、これはその後の人生に大いに役立った。

その後私はIT関連の企業を立ち上げて、今度は企業活動の中で人間の脳のメカニズムを研究しつつ画像処理を主体とした研究開発をしながら、経営者としても社会に深く係わり続けている。

　会社経営に携われば否応なく組織を作り、自己責任で金銭を扱い、社会や国の行政に係わることになり、その体験が大いに人生の勉強になった。

　その経営体験と画像処理の研究を通して次第に私が求める宇宙像に密に関係していったのである。

　そしてそれであっても、もちろん私の最大の関心事は常に宇宙と人間の関係と宇宙像の確立と宇宙の成り立ちを知ることであった。

　宇宙像と宇宙と人間の関係に関しては常に問題意識を持ち続けながら様々な超自然的な体験もして、それが数十年も蓄積され、やがて暖めていたモノが頭の中で自然に纏まっていたのだ。

　気がつけば私はその宇宙像を基準として生きていたのだ。この宇宙像で解釈して生きてきたのだ。それは読者の皆さんにも大いに役に立つはずだ。

　だからこそ今、この大きなテーマについて私だから書けると思っている。

　そこで、いよいよ纏める時期が来たと思って書き始めてみると、意外にスラスラと先に進むのでこのまま行き着くところまでつき進んでみることに決めた。

　本書では「多世界宇宙・発生論」として多世界宇宙が発生する、前と後に関して述べることになる。

　そして、私の提唱するこの「多世界宇宙・発生論」は従来の多世界宇宙論とは大きく異なり、ただ「多くの世界がある宇宙」という点でのみ共通である。

　私の長年の観察と様々な体験から宇宙を体系的に考察した結果として、私の中でこのような宇宙像に到達した。

　書き始めてみて急にまとまったことや新たに関連づけられることも多々出てきた。これまでの体験や経緯が突然関連付いて、重大な意味を持ち始めることも出てきた。

　一見、物理学の世界は整然と矛盾無く組み立てられているように見えるのだが、実はその理論の延長線上では決して解決できないような、その論理性から逸脱してしまうような矛盾と見えるところが幾つかある。
　その物理学の論理が破綻しそうなところを深く考察することで、意識の世界への入り口を発見できるときがあるのだ。
　この書ではこれらのいくつかのパラドックスを考察することで、物理学と意識の世界の係わりを見つけていくつもりである。

　しかし、読者の多くは物理学の世界から意識の世界の広い範囲で思考を巡らすような議論は殆ど慣れていない筈だ。
　そのことを前提に、著者としては先ず、自分の外の世界と思われている物理学の世界と、自分の内側だと思われている意識の世界について、それをかみ合わせることに関する議論の、組み立て方を一から準備しなければならないと思っている。

　そこでこの書を読む方は、先ずは理解できる所だけを拾って戴いて、理解できないところは一旦放置して良いことにして先に進んで戴きたい。その時の問題意識を大切に残して、混乱したときには一度休んで暫く熟成期間を置き、又再び読んで戴ければ、やがて一連のこととして理解して戴けるのではないかと思っている。

　多くの読者に理解を深めて戴きたいために、誰もが分かるように書き

たいと思っているので、身構えなくても物理学に苦手意識がある人にでも、関心がありさえすればよく理解できるように書きたいと思っている。

　幾つか出てくる専門語などの難しそうな語句は、、、それでも極力抑えたつもりなのだが、、、先ずは何となくの雰囲気で読み進んで戴いても結構である。

　さし絵や図面を多用し、同じ事を多方面から何度も説明し、新しく登場する語句の定義をしながら書き進むことにした。新たな語句を定義する度に、新しい語句によって一歩ずつ議論を深め、議論はスイッチバックのように行ったり来たりして、一歩ずつ理解を深めることができるように工夫した。ですから、一部理解できないところがあっても、そのまま読み進めば、後に別の面から理解できるかもしれないので、是非諦めないで読み進んで戴きたい。

　真理は言葉ではないし、理論でもないから、これがこのまま真理というわけではないが、真理の一面を理論的に普遍的に表現することは、混迷する人類にとって大いなる希望であると信じてこの書を世に送り出す。

🌀 現代物理学の実績を急ぎ理解しておく

ここで、急いで物理学の歴史を振り返っておきたい。

なんと言っても、アインシュタインによる特殊相対性理論（1905年）と一般相対性理論（1915～1916年）がある。それまでの物理学の手法と考え方を根本から変えて、巨視的な立場から現代物理学の基礎を作った一人である。一方、アインシュタインも係わって、微視的な立場から量子力学が発展し、粒子と波動の二重性、不確定性原理、シュレーディンガー方程式などによる、近代物理学の基礎が作られた。アインシュタイン以外にポアンカレ、シュレーディンガー、ドブロイ、ディラック、等によって現代物理学が構築された。

しかし、未だ現代に至っても巨視的な物理学と、微視的な物理学の統合はなされていないことも知っておくべきことである。

ここ百年の物理学が到達した宇宙を表す方程式がある。それは「標準理論」として纏められている。

「標準理論」は、この世界を４種類の素粒子（電子、ニュートリノ、２種類のクォーク）と、三つの力(電磁気力、弱い核力、強い核力)からなる、としている。この「標準理論」によれば、現代物理学はビックバン以来の宇宙を以下のように解釈している。

『宇宙は設計図である神の形式に従って誕生し、当初は設計図通りの完璧な対称性を保っていた。ここでの対称性とは回転対称性、並進対称性、ローレンツ対称性、ゲージ対称性、それに非可換ゲージ対称性、カイラル対称性である。そこではあらゆる素粒子に重さがなく、ばらばらにとびまわっていた。しかし、ヒッグス粒子などが引き起こす「自発的対称性の破れ」によって、素粒子に重さが生まれた。その結果、素粒子がまとまり、原子が作られ、星々が輝き始め、銀河も形成されていった。』（NHKエンタープライズ／「神の数式・完全版」より引用）

この現代物理学の見解を、この私がどうこう評価する立場にはない、と決めて掛かっている。ここは、分際をわきまえて、私の範囲を逸脱すること無くこの書を著すつもりである。しかし、このスタンスを最後まで貫けるか否か、はなはだ自信が無い。

　そこでしばしば、私自身の言葉ではなく他者の言葉を借りて話すことは出来る。
　このような人類の知の結晶である「標準理論」と言えど、重力に関してはまだ手つかずだ。
　さらに、まだ仮説の段階であるが、2013年に発表されたプランクによれば、宇宙の全質量を含むエネルギーの約68.38％を占めるダークエナジーや26.8％を占めるダークマターについても一切解明されていない、ということなのだ。

　つまり「標準理論」は未だ宇宙のほんの一部分しか説明出来ずにいて、いつ根底からひっくり返るか分からない状況なのだ。そしてこれに係わる物理学者はこれが決して完成された理論であることを認めず、これに満足せずに「標準理論」の破綻さえ望んでいて、敢えて破綻する箇所を探し続けている、ということだ。

　読者の皆さんは物理学を深くは知らないとの前提で書くので、そこは安心して欲しい。時々出てくる新しい概念は、可能な限り説明を付け加えるつもりである。

　先ずその中身は後に話すとして、「微細構造を扱う量子力学という学問はシュレーディンガー方程式から始まっている」ということを知って欲しい。大学で学ぶ量子力学に最初に登場してきて、学生を大いに戸惑わせる方程式だ。そして私も大いに戸惑った。実は私は今でもその時のショックの中に居る。

だからもし、独立変数が4個（x, y, z, t）のこの世界、つまり4次元世界に対応させたこのシュレーディンガー方程式という大前提が崩れれば、量子力学はたちまち破綻してしまうのだ。

そこで著者の方針としては、量子力学の大前提となっているシュレーディンガー方程式と、そこから発展したディラックの方程式を再確認してみたいと思っている。

そして次に、著者が求める宇宙と意識の関係について「標準理論」は、つまり現代の物理学は全く答えていないことを明らかにしたい。

先ず、宇宙が4次元世界ならともかく、宇宙の次元を決めることなく、4次元世界での対称性を追求することに、どれだけの意味があるのか私にははなはだ疑問なのだ。

次に、「標準理論」は意識とは無関係に構築されているということだ。一見して現代物理学のどこにも意識の入り込む隙間は無い。
そこで、著者としては、まったく別の視点から、現代物理学のいくつかの矛盾点を見いだして、その4次元世界の裂け目を強引に切り拓いて、そこに意識の介在を示し、最終的には意識を主役としてこの宇宙を語ろうとしているのだ。
そしていずれの日にか、意識を含めた宇宙の全てを著す方程式を知ることが出来ることを期待したい。

議論を進めるにはこれだけの知識で十分である。必要に応じて新しい概念を追加しながら議論を深めていく。

宇宙と意識

目 次

第4章　物理現象と意識の関係……83

第1章

「4次元世界の限界」で
何が起こるか

特殊相対性理論と「4次元世界の限界」

🜚 浦島効果は本当なのか

　光速に近い速さ、準光速で宇宙旅行をすると時間が大きく遅れて、地球に還ってくると、周りが歳を取っていて自分はあまり歳を取っていない、というような話が、いまや誰もが知る常識となっている。

　これが、アインシュタインの相対性原理に基づいていることも現代では良く知られている。

　そこで、周囲が歳を取り、自分だけが若いままという、この不思議な出来事を浦島太郎に関連付けて「浦島効果」というのだが、実際これは本当の事なのだろうか。

　この特殊相対性理論は、ローレンツ変換（ヘンドリック・ローレンツ／1899年）から成り、数式は誰でも追跡できるものであるが、その結果の意味するところは実に不可解である。
　ハッキリ言って私は、アインシュタインが初期に発表した特殊相対性理論から導かれるというこの不可解な結論の意味をなかなか理解できな

いでいた。

　だからといって「私はそれを理解できた」と言っている人をうらやましいとは決して思わない。

　私はこの特殊相対性理論の意味することに大いに問題意識を持ったのだ。そして、その疑問に答えてくれる文献は見つからなかった。

　暫く頭の中をかき回していたが、遂に「もう、こうなったら、自分で初めから考え直してみる以外にない」という気持ちに私をさせてくれたのだ。

　そこで今回、私の持論「多世界宇宙・発生論」を原点にして推論を重ね、多世界の中に特殊相対性理論を位置づけてみることにしたのだ。

　以下に、問題提起とその解決策を、可能な限り分かり易く書くつもりであるから、興味さえあれば十分に理解していただけると思っている。

特殊相対性理論による時間の遅れ〔Δt〕の発生

　先ず、ここで必要な特殊相対性理論の概略について簡単に説明しておく。私の説明するこの理論は決して難しくはないから、安心してついてきて欲しい。

　慣性座標系において、速度vで移動する物体において、空間軸の短縮と時間の遅れを示した方程式がローレンツ変換である。

　宇宙船のような準光速移動する物体と、それを地球から観察した時の両者の関係を表す関係式はこのローレンツ変換から求められる。

　このローレンツ変換の関係式はアインシュタインが特殊相対性理論を構築するために引用したことで特に有名である。

それ以前、光は当時未発見のエーテルを媒介として伝搬すると考えられていた。そこでマイケルソン・モーレーの実験によって、光速は一定で、秒速30万kmであり、これが全ての速度の限界であること。さらに物体を加速しても決してこの光速を越えられないこと。つまり、飛行機から光を発射しても、それはやはり光速なのだということ、等が分かってきた。

そして、アインシュタインはこのローレンツ変換式を使って、光の媒体と考えられてきたエーテルの存在を否定したのである。

ここでの準光速移動とは決して条件ではないが、準光速移動の時に顕著に効果が現れるというだけのことだ。

特殊相対性理論に対する理解はこの程度で十分である。

この「光速不変の原理」から導かれるローレンツ変換によれば、光速を限界としたことにより時空が線形では無くなり、これまでの古典的な物理法則が単純には成立しなくなった。その結果、観察者から見て遠ざかる物体、或いは近づく物体は光速に近づくにつれて、その移動物体の時間の進行は $[\Delta t]$ だけ遅れる、という結果を導き出したのである。

そして、これが「浦島効果」のネタとなっているのだ。
以下に浦島効果を検証してみよう。

🔅 対称モデルにより、重要視点の欠落を補う

地球と、地球から飛び立つ宇宙船との関係で、浦島効果は語られることが多い。
その時、地球Aの座標系を［座標系A］とし、宇宙船Cの座標系を［座標系C］とし、宇宙船Cは強い重力を持つ地球を離れ、準光速で移動し、途中で減速し、そこでターンして加速し、再び準光速で地球に戻ってく

るものとする。

　この設定は明らかに、座標系Aと座標系Cが互いに非対称であり、この時、地球Aから観察していると、宇宙船Cが地球に戻ってきた時には、時間が遅れる［$\overset{\text{シグマ}}{\Sigma}\Delta t$］と言われている。

　これは地球と宇宙船との関係が非対称とした、従来の非対称モデルの例である。　　　　　　　　　　　　　　　　　　　　　　　　　　**[巻頭図1]**

　しかし、この非対称モデルでは、重要な視点が抜け落ちてしまうのだ。

　よく考えれば「時間の遅れ［Δt］は、地球側から見た宇宙船C側に発生しているだけではなく。宇宙船Cから見た地球側にも発生している」筈なのだ。この視点を重要視しなければならない。

　このモデルでは、どちらがどれだけ遅れたのかよく分からなくなる。

　実は、これと同じ意味の事が、当のアインシュタインも問題提起していて、「双子のパラドックス」（ポール・ランジュバン／1911年）として歴史に残っている。

　双子の兄弟の一方が地球に残り、他方が宇宙旅行をして地球に戻ってくると、互いに相手側に時間遅れが生じていて、どちらも相手側の方が歳を取らずに若いと判断する。これは「双子のパラドックス」として知られている。

　この「双子のパラドックス」は、地球と宇宙船とでそれぞれの条件が異なる非対称モデルのために、正確な議論が出来ずにいて、パラドックスのままになっていると、私は思うのだ。

　そこで著者としては、非対称モデルを排除して「視点が偏らない対称モデルによって、時間遅れ［Δt］は両者の立場から対等に論じるべきである」と考えた。　　　　　　　　　　　　　　　　　　　　　　　**[巻頭図2]**

　これが、特殊相対性理論による公平な視点であるからである。

著者は特に、この「公平な視点」を「対象モデル」として、以下に強調しようとしている。

特殊相対性理論と一般相対性理論との違い

さらにもう一つの着目すべき重要視点がある。
それは、時間遅れに係わる二つの要素をキッチリ分離して議論しようという点である。

要素１としては「光速不変の原理」に基づくローレンツ変換による特殊相対性理論である。

二つ目の要素として一般相対性理論がある。
一般相対性理論では、地球の強い重力の中にある我々自身や、恒星の周辺の重力の中を周回する、人工衛星や宇宙船の時間の遅れを扱う。これについては次章以降で導入することになる。
この第１章では敢えて一般相対性理論の影響を極力避けるようなモデルで議論し、特殊相対性理論とそれを構成しているローレンツ変換のみの議論から始めたい。
先ず「光速不変の原理」に基づくローレンツ変換による、特殊相対性理論の範囲で通用する対称モデルから議論を始める。

ところで、地球に準光速で降り注いでくるミューオンの様な宇宙線粒子の場合、地球から観察した粒子の寿命が長くなるという観測事実が既にある。
この事は間違いなく、地球から見た粒子側に時間遅れが発生している証拠と言えそうである。そこには確かに浦島効果は有るように見えるが、この関係は地球には強力な重力があり、その重力の中での地球と粒子との相互関係なので、極端な非対称モデルであることが、どうもすっきり

しない。

　そこで、非対称モデルでの、この観測事実を踏まえて、複雑化する要素を極力排除した対称モデルを考えたい。

　座標系の異なる二者の関係を考察するにあたり、先に話したように、地球と宇宙船では非対称になるので、対称モデルを導入して単純化した条件で思考実験を準備したい。

　単純化のために、一般相対性理論で扱う重力や空間の歪みの効果は、事実上、無視できる設定で思考実験を試みたいと思う。

　以後、この意味で「対称モデル」とか「非対称モデル」という語句を遣うことにする。

単純化された対称モデルによる思考実験

　反対方向に同じ速さで移動する対称な二つの座標系と、その中を反対方向に移動する、二つの宇宙船を設定する。

　こうすることで、地球と宇宙船との非対称な関係ではなく、宇宙船と宇宙船の対称な関係に帰結するので、両者を対等に比較することが出来るのだ。

　そこで、地球Aから出発する二つの宇宙船、即ち宇宙船Bと宇宙船Cは強い重力圏の地球Aを出発し、それぞれ反対方向に加速、準光速等速、減速、ターン、加速、準光速等速、減速の順番で再び地球に戻ってくる。

　このようなモデルを設定し、それぞれの宇宙船の座標系は座標系Bと座標系Cである。

　この時、時間遅れ［Δt］は準光速の時に大きくなり、この期間を十分に長く取ることで特殊相対性理論による時間遅れの発生が支配的にな

る。そして、加速度や重力による一般相対性理論の効果は、対称モデルによって可能な限り打ち消し合い、排除できたと考えて良いものとする。

[巻頭図３]

　宇宙船Ｂと、宇宙船Ｃとで、お互いにお互いを観察すれば、［座標系Ｂ］と［座標系Ｃ］のそれぞれの座標系は視覚的にも物理的にも対称性があって、思考実験は非常に単純化されたことになる。

　「対称性」の概念を取り入れたが、現代物理学でいう、ディラックの「対称性」の概念とは最終的には一致すると考えている。

どちらの宇宙船にも時間遅れ［Δt］が発生する

　いっとき、地球Ａは忘れて宇宙船Ｂと宇宙船Ｃとの関係で議論を進めたい。

　宇宙船Ｂと宇宙船Ｃの対称性から、それぞれは互いに対等であり、宇宙船Ｂから見る、宇宙船Ｃは時間遅れ［Δt］を生じ、宇宙船Ｃから見る宇宙船Ｂも同様に時間遅れ［Δt］を生じることになる。

　この対象モデルで考察すれば、宇宙船Ｂから宇宙船Ｃを見ても、宇宙船Ｃから宇宙船Ｂを見ても、常に相手側の宇宙船に対して常に同じ時間遅れ［Δt］が生じる。

　即ち、両者間には常に相手側に対して［Δt］の遅れが生じている。これは確かにパラドックスに見える。

　さらに困ったことに、ここに地球の視点（Ａ）を取り入れて、地球座標系Ａに居た人から、帰ってきた宇宙船Ｂと宇宙船Ｃの時計を確認すると、両者は地球からは同じように（Δt'）の遅れとなり、ＢとＣの両者間には［Δt］の違いは無く、同じ時刻を示している。

[巻頭図４]

　文章にすると複雑に見えるので以下に整理しておく。

　一般に座標系Ｄから、座標系Ｅを見たときの、座標系Ｆの時間遅れを

[D→E] Fと記述すると、上記は以下のように表現できる。

[B→C] C＝[Δt]

[C→B] B＝[Δt]

∴[B→C] C＝[C→B] B

[A→B] B＝(Δt')

[A→C] C＝(Δt')

∴[A→B] B＝[A→C] C

実は、この事を言いたいためだけに、ここまでの説明と、この対称モデルを設定したのだ。　　　　　　　　　　　　　　　**[巻頭図5]**

これは「双子のパラドックス」の意味を含んでいるが、これをパラドックスとして処理しないで正面から食いついてみようと思う。

そこで、宇宙船Bと宇宙船Cが地球に戻って [$\overset{シグマ}{\Sigma}$Δt] 即ち、時計を比較すると、どうなるか？

答えは私にもまだ分からない。

しかし、特殊相対性理論から強引に回答すれば、地球に残った人から観察すれば、座標系の対称性から、時計は同じ時刻を指している。

そして、宇宙船Cから宇宙船Bを観察すれば、相手の時計は [Δt] だけ遅れているし、反対の立場で宇宙船Bから宇宙船Cを観察すれば、やはり相手の時計は [Δt] だけ遅れていることになる。相手の時計が遅れるという意味は、時計だけが遅れるのではなく、相手の座標系の時間そのものが遅れていることを意味していて、それはこちらの座標系の時間軸から見ると、まだ到着していないことを意味することになると解釈できる。

しかし、著者としては「本当のところ、実際に実験してみないと何も言えない」と考えている。

そもそも、これは思考実験なのだから、相手側の時間遅れとは、まだ

まだ思考上のものなのだ。いっそのこと、ローレンツ変換式を変更して出発地点に戻れば、途中の速度の経過に関係なく、時間遅れ［Δt］が「0」になる様に変更してしまいたいくらいだ。しかしそれは有りそうにない。

　実際問題として、準光速で移動する相手の宇宙船をこちらの宇宙船から観察するなんて不可能なことなのだ。

　ならばこれは、想像上の出来事なのか。
　また、結果だけを比べようとして、それぞれの宇宙船に積載した10個の時計のうち、5個だけが遅れて、他は遅れていなかった、などということも考えたくない。

　これは特殊相対性理論を念頭に置いた対称モデルであり、次章以降に話す、一般相対性理論による時間遅れ【Δt】とは発生メカニズムが異なるので、区別せずに議論しなくてよかったと思っている。実は上記の（Δt'）は一般相対性理論の効果も係わってくるので、ここではまだ議論しないでおく。
　以後、［Δt］を特殊相対性理論による時間遅れとし、【Δt】を一般相対性理論における時間遅れとし、【太い括弧】で区別して表記する。

　ここには、いま大変困ったことが起きているらしい。欲求不満になりそうだが、一旦疑問はこのままにして話を進めよう。

　話を特殊相対性理論の場合の［Δt］に戻して、さらに吟味してみよう。
　宇宙船B、宇宙船Cの中の人はどちらも、全て自分から見て常に相手側に時間遅れ［Δt］を発生している、と判断していた筈だ。
　どちらにも遅れが生じるとは、いったいこれはどういうことなのか。これはまさに「双子のパラドックス」である。その意味を考えながら、読み進んで戴きたい。

　宇宙船Bから見て、宇宙船Cに［Δt］の「時間の遅れ」があると観察されたとするならば、当然、我々の日常の常識では、それを宇宙船Cから見れば、宇宙船Bには［Δt］の「時間の進み」がある、と考える。もちろん、全行程における時間差［ΣΔt］が生じている。

　これは対称モデルなのだから、どちらにも遅れが生じると考えざるを得ない。しかし、そうなると辻褄が合わない。

　「このようなことが起こるのは、どうやら多世界宇宙に迷い込んでしまったからではないのか」と著者は考えた。

　実は、ここから私の提案する「多世界宇宙・発生論」が始まるのだ。

🌀 対称モデルの意味することは何か

　宇宙船Bと宇宙船Cは地球Aから観察したときだけ同時に到着するが、宇宙船Bから宇宙船Cを観察する限り、地球に戻っても相手はまだ到着していない。そして反対に、宇宙船Cから宇宙船Bを観察する限り、地球に戻っても相手はまだ到着していない。

　対称性から、宇宙船Bに起こることは宇宙船Cにも起こると考えなければならない。その意味で、どちらも相手が遅刻したと主張していることになる。

　実際、対称モデルの「対称」という意味は元々はそういう意味である。

　対称性から、［Δt］の時間遅れの蓄積［ΣΔt］が双方に生じていることは理解できたとしても、それでは常識が納得しない。

　常識では、一方に遅れがあるのであれば、もう一方は進みがあると考えるのが普通だが、対称性から考えれば宇宙船Bと宇宙船C、どちらの立場でも、相手側に［Δt］の時間遅れがあると、同時に観察されるのだ。

対称性から考える結論と、常識の間には、これ程の大きな相違がある
のだ。
　当然、ここでは対称性から導かれる結論こそ、理にかなった結論なの
だ。
　そこで、この事実を一旦受け入れて、常識とのギャップを埋めなけれ
ばならない。

◉ ならば、遅刻をしたのはどちらか

　対称性モデルで考えると、常に相手側に時間遅れ［ΣΔt］を発生し
ている、と見えるのだから、比喩で言い換えれば以下のようになる。

　相手が待ち合わせの時間に遅れたのだから、「遅刻したのは相手だ」
と考えるのが我々の世界での常識だが、多世界宇宙の場合には、何故か
相手からこちらを見ても同様に「こちらが遅刻した」と見えているのだ。
このような事が当たり前に生じる世界なのだ。
　これは４次元世界から５次元世界に思考を発展させたときに現れる、
新たなる「対称性」ではないのだろうか。この点はディラックに聞いて
みたい。

　それどころか、相手が遅刻したという証拠を互いに持っている。どち
らも嘘をついてはいないのだ。
　それなら、遅刻した相手はいったい何処に行ってしまったのか。
　我々の常識では到底受け入れかねる状況が発生してしまったのだ。

　だからこそ、ここに多世界宇宙の概念を導入しなければならなくなっ
たのだ。多世界宇宙ならば、どちらも相手側が遅刻したと見える世界を
構築できるのだ。
　地球Ａの座標系Ａと、宇宙船Ｂの座標系Ｂと、宇宙船Ｃの座標系Ｃと

で、元々一つの座標系であったのだが、それぞれが地球から出発して、戻ってくると、少なくとも3種類の世界からなる多世界宇宙がここには存在していることになる。

　これを文章に書くと、しかも数式で書くとなるとますます難しくなるから、頭の中で座標系を考えて考察する方が、この場面は理解しやすいと思う。

　多世界宇宙だからこんな不思議なことが発生するのであり、そう考えてみれば、確かに多世界宇宙を考えれば、このパラドックスは解決しそうに思えてくる。

　いよいよ、ここからが面白くなるので、是非ついてきて戴きたい。

第2章

多世界宇宙の導入

🌐 「多世界宇宙・発生論」の導入

そこで、この双方が遅刻したとするパラドックスを解決するために、著者は「多世界宇宙・発生論」という新しい概念を取り入れて考察する。

○その時、それまで区別していなかった「私が観察している側の世界と、私が観察されている側の世界とが、二つに分離してしまった」。

○そして同時に、同じように、相手の側の「相手が観察している側の世界と、相手が観察されている側の世界とが、二つに分離していた」。

つまり、観察している側では、常に自分側ではなく、相手側が遅刻した、という世界なのである。

そして同時に、観察されている側では、相手ではなく、常に自分が遅刻したとする世界である。

そこで、ここに「多世界宇宙・発生論」を導入して、それぞれ二つに分離した、計四つの世界の組合せを考えることにする。

観察する側と観察される側の分類

上記の組み合わせを並べれば以下のようになる。

その時、

多世界（Ｂ１）／［座標系Ｂ］ が観察している側の世界。

多世界（Ｂ２）／［座標系Ｂ］ が観察されている側の世界。

さらに、

多世界（Ｃ３）／［座標系Ｃ］ が観察している側の世界。

多世界（Ｃ４）／［座標系Ｃ］ が観察されている側の世界。

※ここでの、観察する側と観察される側との区別と分類は、今後全章に亘ってなされていくので、必ず記憶に留めて置いて欲しい。

元々、世界（Ｂ０）と世界（Ｃ０）だけだった世界が、宇宙旅行の結果、この四つの世界に分離して新たな多世界が発生したことになる。ただし、同じ座標系中の観察する側と観察される側の対は、これまでも存在していたはずだが、気付かなかっただけなのだ、としても矛盾はない。

以後、観察する側と観察される側をアンダーラインで区別しておく。

却って読者を混乱させるかも知れないが、［Δt］は、上記の関係ではなく、互いの観察している側と観察されている側との関係でのみ、発生するのだ。自分自身の観察している側と観察されている側との関係では発生していない。

ただしこれは、特殊相対性理論による［Δt］の発生の場合に成り立つのであり、常には成り立つのではない。

こうすることで、「双子のパラドックス」は、決してパラドックスではなく、物理学的整合性があり、矛盾しない理解が可能なのである。

　ただし、これらの多世界をどうやって認識するのかは、又新たな別の問題となる。

　「多世界宇宙・発生論」でこそ、初めて、特殊相対性理論は十分な意味を持つのだ。

　即ち、「観察する側と観察される側の間では、［Δt］の時間遅れの問題が発生して、観察される側はなかなか歳を取らないが、観察する側と観察する側の間では遅れも進みも発生していないので、両者共に同じだけ歳を取る。

　「この二つの異なる出来事が同時に発生する」と解釈する以外にない。つまり、多世界宇宙だから、この解釈が許されるのだ。

　これはもちろん、上記の対称モデルから言えることであり、「特殊相対性理論で扱える範囲で、しかも対称性が確保できているならば」の条件付きである。
　そしてもちろん、対称性が多少崩れても、特殊相対性理論が支配的な条件であれば、同じ結論となるだろう、との予想は付くのだ。

🌑 新たな疑問

　この「多世界宇宙・発生論」を直ちに受け入れることは躊躇が有ることかもしれないが、進歩は混乱から始まり、次の段階に昇華されていくのだ。この部分の論理展開を何度も読み返して理解して戴きたい。

　パラドックスは解決しても、幾つもの疑問が新たに発生したと思うが、この先で解消することもある。

　そして、それでも解けない疑問は私にも解けないかもしれないので、それはこの仮説の将来に期待していただきたい。

　宇宙の根源的問題は哲学的であることから、この「多世界宇宙・発生論」に興味を持っていただければ幸いである。

　前章の第1章の基礎知識を基にして、この第2章以降に、「多世界宇宙・発生論」を少しずつ展開して、理論を組み立てていくことにする。

　　子供の頃に、こんな疑問を持ったことはないだろうか。

　　「私の世界には確かにあなたが住んでいるが、相手の世界にも間違いなく、この私が住んでいるのだろうか」という疑問だ。

　　私は昔から、よくこのような疑問を繰り返し自問自答し、問題視していたことを思いだした。
　　やっと今、その疑問の大筋に応えられそうだ。

　　この章では、この問題の解を求めていきたいと思う。

🌐 双子のパラドックスに決着を付ける

　「双子のパラドックス」を単純化して扱うために、地球と宇宙船という非対称モデルではなく、どちらも対等な二つの宇宙船による対称モデルを導入した。

再びこの対称モデルで宇宙船の話を続けよう。

いったい何が起こっているか。これはたまたま座標系の速度が異なったために、他の座標系からは時間遅れとして観察されたのであり、世界はもともと多世界であった、と言えるのではないだろうか。

もちろん、わざわざ宇宙船で旅行しなくても、多世界宇宙は常に存在していて、世界と世界の間に時々時間差［Δt］が明確に成り、その時、その事実が自覚されるだけなのだ。

世界と世界の間では、互いに時間遅れ［Δt］があっても、それは極めて小さいので、通常は認識出来ないだけのことである。

今の段階では、［Δt］の存在が多世界宇宙にどのように関係しているかは、私はまだ明確にしていない。

既に、互いの座標系を跨（また）いで、観察する側と観察される側が一対として、別々に存在していることを示した。この組み合わせは、座標系Bと座標系Cを考えるだけで12通りある。

もしさらに、地球の座標系Aを導入すれば、数はどんどん増加する。

多世界宇宙は実際に存在している。

そして我々の知る現実の世界は、時間と空間とからなる４次元世界であり、多世界宇宙から切り取った、沢山の４次元世界の中の、一つの４次元世界であると考えるのだ。

何が独立変数か。問題提起

時間とは一般的に時間軸上での間隔を示す言葉である。そして時刻とはその座標系における現地点を示すものとすれば、時間軸とは座標系特

有のものであり、座標系を跨ぐ場合には異なる時間軸となり、時間も時刻も意味を失い、互いに比較できない。

　切り取られた４次元世界において、限界付近では時間軸「t」は、速度「v」によって変化するのだから、決して「t」は独立変数ではない、と言えるのだ。

　つまり、我々の住む世界では、「v」が小さいから殆ど独立変数と見なせるが、「４次元世界の限界」近くの「v」の値が大きい時には、独立変数ではなく、「v」に従属するという、従属変数の性質が顕著に表れてくるということが明らかになったのだ。しかしその「v」も元々「t」の関数なのだから、事は単純ではない。

　この我々の住む宇宙を、もし確定した４次元世界として扱えば、「４次元世界の限界」近くでは「t」の独立性は必ず崩れ、矛盾は発生するのだ。

　「t」が独立変数ではないとすると、次元について詳細を語ることが不安になってくる。

　従って、４次元世界が本当に独立した四つの座標軸をもつ４次元世界なのかどうか、を明確にしないまま、後に訂正する事になるかも知れないが、先ずは４次元世界として議論を進めることにする。

　我々の思考はどうしても絶対性を持つと信じる時間［t］に縛られているから、ここではその呪縛を離れ、時間［t］が宇宙の「展開」の経過を示す絶対尺度ではなく、今居るこの４次元世界のみに付けられた尺度に過ぎないと、割り切って進もう。

　ここで「展開」とは時間空間を超越した概念であり、「進化」は時間軸に沿った展開であり、従来の意味と区別し、使い分ける。

そうすれば、特殊相対性理論における［Δt］の発生は、多世界宇宙
から切り取った一部の４次元世界からの、更なる４次元世界からの分離、
と捉えることが出来るのではないだろうか。或いはその時、４次元世界
から４次元世界の再分離が［Δt］の検出で、観測に掛かったというこ
とではないだろうか。

　つまり、時間遅れ［Δt］が発生した時には４次元世界が新たに分離
された事を意味し、先に４次元世界から切り取られた現実の４次元世界
が、さらに分裂して、複数になったと解釈すれば良いのである。

　或いは、「さらに分裂した、、、」のではなく、多世界宇宙の部分空間毎
に、４次元空間として切り取って、４次元世界を組み立てていると考え
ると、確かに合理的である。部分空間とは一個の粒子という場合も有る
ようだ。

　もし「t」が独立変数だったら、［Δt］が速度(v)によって変化するこ
とは、決してあり得ないことなのだ。だから、［Δt］は単なる座標系間
の指標であり、決して時間差を示すモノではなく、過去を示すものでも
なく、この４次元世界に過去と現在が同居しているわけでもないのだ、
と理解しよう。もちろんこれは特殊相対性理論の場合だが。

　言うまでもなく、多世界宇宙から切り取ったこの現実の世界は、次元
数をpとすれば、p＝4の４次元世界である。
　そして後述するように、一方の多世界宇宙は、p＝6で矛盾無く説明
出来る。
　しかし実際は、p＞6である可能性も十分ありえる世界である。もし、
p＝6で説明出来ない、新たな矛盾が出てきたときに、pを増加させれ
ばよいと考える。
　詳細は後述するが、この書では多世界宇宙は p＝6の６次元世界とし

て扱い、４次元世界との次元境界、部分の多世界宇宙の底辺部、（次元境界領域／後述）をp＝5の5次元世界として、それから現実の4次元世界をp＝4として議論を進める。

　従って、ここから先は、6次元世界と多世界宇宙とは同義語である。

🌐 多世界宇宙の一断面が４次元世界

　我々の常識的な理解では次のようになる。

　我々の住む４次元世界では時間は１次元で１軸であり、進む方向も過去らか未来へ進むと決まっていて、しかも現在という時間は一点しか存在しない。つまり現在とは、一つの現在が一瞬しか存在しない。そして過去は過ぎ去った世界であり、既に存在しないし、未来はこれから来る世界であり、未だ存在しない。

　この現実の世界が４次元世界であり、それは時間軸が一つ、空間軸が三つから成ることは既に明らかである。

　そして次に、多世界宇宙を意味する６次元世界とは、４次元世界の側から説明すれば、４次元の四つの軸に、さらに二つの軸が追加されていることを意味する。

　この６次元世界は、以下のように説明出来る。

　４次元を基準にして、我々の知る４次元に、さらに時間軸が一つ、空間軸が一つ追加された６次元世界と想像できるが、私の説はそれとは多少異なる。

　ここで追加というのは、あくまでこちらの４次元世界を基準に考えた呼称である。宇宙生成の順番から言えば、削除軸とでも言うべきであろう。

　４次元世界から考えていくとこのようになってしまうが、元となる６

次元世界から考えていくと、又別の新たな説が生まれてくるのだ。

[巻頭図９]

「多世界宇宙・発生論」における６次元空間とは時間軸が二つあり、しかも空間軸が四つある世界である。

そこで呼称の仕方であるが、６次元世界は二つの時間軸と四つの空間軸であるから、それぞれを追加時間軸、追加空間軸と呼称する。

これまでの４次元世界の時間（軸）と空間（軸）を、それぞれ従来時間（軸）、従来空間（軸）と呼称することもある。同様に、６次元座標軸の二つの時間軸を統合して統合時間軸、統合空間軸と呼称する。

さらに次の議論の準備として、４次元世界を決定づける時間の軌跡として、時間平面内での時間の進む方向と大きさを「時間の矢」と定義しておく。

時間軸が二つあるということは、時間が２次元平面を作っていることになる。その２次元の時間平面の中を４次元空間が２次元的曲線の軌跡を描きながら移動することになる。その移動の軌跡が、我々の知る４次元世界に切り取られたとき、一方向にのみ進行する「時間軸」を生成することになる。

理解しやすくするために、５次元世界から先に考えて、次に６次元世界を考えてみよう。

先ず時間軸が二つの場合として、そして空間軸は我々の世界と同じ三つのままにして、先ず５次元世界から考えてみよう。当然、５次元世界とは、これ以外に空間軸のみ４次元という場合も考えられるが、それはこの場合からの類推が可能と思うので、敢えてここでは削除する。

[巻頭図１０]

ここで、６次元世界の中の２つの時間軸が作る時間平面の中に、複数

多世界宇宙の一断面が４次元世界

の「時間の矢」が存在する。「時間の矢」はこの２次元面上の直線または曲線の方向と大きさであり、２次元面上を移動している。ここで「時間の矢」は複数有っても何ら矛盾は生じない。

　次に、６次元に思考を進めるためには、ここに空間軸を一つ増やして考えれば、空間軸が一つ増えて４次元の統合空間を作ることになる。その時、「時間の矢」は複数存在し、互いに交差し、自由に変化することが可能となる。
　６次元世界の統合時間と統合空間から切り出した一瞬の断面が、この４次元世界ということになる。

　さらに、説明の順番を変えて説明しておこう。
　６次元世界では、我々の知る３次元空間が連続的に複数集まって４次元空間を作っている。
　そして、時間を超越しているように見えても、勝手に展開するのではなく、現在と過去と未来とに密接な関係を持ちつつ、原因結果のつじつまが合った形で存在している、と考えるべきである。
　既にこの時、過去・現在・未来は縦横無尽に交差している。そして更に過去現在・未来は決して時間軸上の点ではなく、面上に、複数連続的に存在している。
　即ち、或る「現在」から見れば「過去」であっても、或る「未来」から見ればそれは「現在」であり、決して独立したものではなくなっているのだ。
　過去・現在・未来は６次元世界の中では連続しているから、我々の「現在」の概念はかなり薄れる。それはどの６次元世界のどの座標地点から観察するかによって異なることになる。

　未来は確かに存在しているが、それがそのまま私達が体験する未来ではない。似ているが全く同じモノではない。線上に或いは面上に結合し

た延長線上の未来である。

　同じように、過去は確かに存在しているが、それがそのまま私達が体験した過去ではない。似ているが全く同じモノではない。線上に或いは面上に結合した延長線上の過去である。

　そしてこの６次元世界を構成している、追加時間軸と追加空間軸の二つの変数を、０或いは定数として固定した世界が４次元世界である。この変数の固定が「切り取り」の意味である。

　つまり、６次元世界から切り取った世界が、我々の住む４次元世界を意味するのだ。

　切り取った４次元世界を６次元世界上で観察してみれば、過去現在未来の軸の独立性は既になく、一方向に限定されていることになる。

　６次元世界の中を移動する「現在」という点の移動は何を意味しているのか。後に語彙を増やして、さらに詳細を議論するつもりだ。

　さて、世界の次元を決めるのは独立変数の数であるが、その議論がまだまだ詰まっていないので、ここでの５次元と６次元は仮の設定であり、次元数がそれ以上であることも十分に有り得ることとして先に進めよう。

　ところで、長い間謎だったこととして、現代物理学による「標準理論」では、「重さを持たない」とされていた素粒子の重力の発生源がずっと不明だったが、ついに「複数のクォークから成るヒッグス粒子が重力の原因だということが、実験によって確認された」とするのが、現代物理学の偉大な成果とされている。

　しかし、それは私には容易に理解はできない。しかも、私は理解できないが、私の分際で、この偉大な発見に対して疑念を発する立場にもない。

そこで私は、それは現代物理学の偉大な成果として一旦横に置いておいて、私の納得できる他の説を提示したいと思う。そしてそれは当然許される事である。

私の提唱する説によれば、重力の媒体が発見されないのも、それから光の媒体が検出されないのも、5次元世界と6次元世界の媒体によって伝達されているからではないのか、との仮説に立っている。今のように4次元にこだわり続ければ、それは見えてこない筈だ。

それもあって、ここでは多世界宇宙に重力や光の媒体の存在を可能とするように、仮に6次元世界を仮定したのだ。こうすれば後述するように、現代物理学の矛盾として話題の「量子もつれ」や後述する「二重スリット実験」だって、うまく説明できてしまうのだ。

以後、6次元世界と記述するときには、その中に4次元世界と6次元世界との間に、次元境界領域としての5次元世界をも含むと理解することにする。

ここまでで、宇宙の構造として多世界宇宙とそこから切り出した4次元世界を示したが、次にもう少し深めていこう。

元現象と現象との切り分け

多世界から切り取られた4次元世界は複数有る。従って、一つの4次元世界の現象の進行を示す時間、つまり指標 [t] は、他の4次元世界の現象の進行を示す時間の指標とは異なるが、それは「分裂した経緯から、相互に [Δt] が観察された」のだと考えよう。

そして、切り取る前に多世界宇宙にあった「現象」の前段階を「元現象」とすれば、宇宙は根源的宇宙の存在が先にあって、その下に多世界宇宙があり、その中の活動として「元現象」があり、それを切り出した4次元世界の活動として「現象」がある。

「元現象」とは多世界宇宙にあって、４次元世界の「現象」の「元」であるから、敢えて「元現象」とした。

　一方で、「元現象」とは５次元以上の多世界宇宙の「連続した多重の現象」であり、その中の一枚を切り出して４次元世界としたものが我々の知る「現象」である。

[巻頭図13A]

　さて、この書では後に根源的宇宙を説くことになるが、根源的宇宙として［高次波動宇宙］を新たに定義する。

　［高次波動宇宙］の語源は、量子力学の語源に由来する。量子力学において波動方程式で表される波動はそのままでは波動であるが、<u>観察する側</u>からは量子と観察される。

　ここで、量子と波動とは常に裏表の関係があって、本来なら量子力学は量子に偏（かたよ）らずに、量子波動力学と呼ぶべきである。

　この量子力学の由来にならって、宇宙の根源における高次の波動空間を［高次波動宇宙］と命名し、［高次波動宇宙］が観察されることによって量子化したものを「超量子」と命名した。

　（私の以前の講演や資料では、［高次波動宇宙］を「波動関数的宇宙」と呼称した。）

　後述するが、根源的宇宙としての［高次波動宇宙］が多世界宇宙を創り出した。そして次に多世界宇宙から切り出して４次元世界を生み出した。そこでは多世界宇宙の「元現象」から一枚を切り出してきて、４次元世界の「現象」が生まれたと考える。

　さらに根源的宇宙としての［高次波動宇宙］の概念にまでつないで宇宙モデルを完成したいのだが、これは後にもう一度議論する。ここでは根源的宇宙としての［高次波動宇宙］、そこから生まれた多世界宇宙、そして元現象、そして現象、という順番の流れと、これらの語句だけを記憶に留めておいて戴きたい。

多世界宇宙は［高次波動宇宙］から生まれた多世界宇宙と、切り取られた4次元世界で再生産された多世界宇宙があり、多世界宇宙の生成の過程には2種類があることになる。

しかしこれらの間に本質的な違いはないから、特段の区別は必要はない。 **[巻頭図7]**

一応これだけの概念の準備でもって先に進む。［高次波動宇宙］に関しては後述するので、ここ暫くは宇宙モデルとしては未完成のまま話を進めることをお断りしておく。

この件は、他の準備が整った後に最後にもう一度触れる。

「多世界宇宙・発生論」として、さらに時間を記述してみる。

特殊相対性理論と「4次元世界の限界」

もう一つの時間遅れ【Δt】とは

特殊相対性理論、以外でも一般相対性理論で扱うような、重力による空間の歪みによっても時間のズレ、【Δt】は発生する。

実際に、ブラックホールの中では重力による空間の歪みが大きいので、時間の歩みは遅くなる。

ただし、一般相対性理論による【Δt】は、特殊相対性理論の場合の［Δt］のように速度によって生じるのではなく、常に重力による空間の歪みが大きい側に発生する。

先に議論した特殊相対性理論では、座標系Bと座標系Cと両方が対等であるために、両方に同じように相対速度に起因する時間遅れ［Δt］が発生する、とした。

　しかし重力の場合は、一般相対性理論に従い、座標系Bと座標系Cにそれぞれに独立に発生し、作用するので、双方が対等ではなく、それぞれに固有の時間遅れ【Δt】が発生すると考えるのだ。

　従って、特殊相対性理論での［Δt］と違って、一般相対性理論での【Δt】は、座標系に相対的ではなく、どの座標系からどの座標系を見るか、に依存するので、「双子のパラドックス」は発生しない。

🛰 人工衛星の例

　一般相対性理論によれば、人工衛星に積載した時計と地球側の時計では、重力による空間の歪みが大きい地球の時計側が【Δt】だけ常に遅れることになる。

　ただし、人工衛星の場合は準光速とは言えないが、かなりの速さで地球を周回しているので、特殊相対性理論の効果が現れて［Δt］も多少発生して、トータルの時間遅れは【Δt】と［Δt］との合算の効果となる。

[巻頭図6]

　実際のGPS測位衛星では、地球から見た場合に衛星側に特殊相対性理論の効果が生じて、（Δt'）の時間遅れが生じる。

　そしてさらに、地球側には一般相対性理論の時間遅れ効果【Δt】が発生する。

　その進みと遅れの差し引きの結果として、地球の方が衛星に対して一

日に8.6マイクロ秒の時間遅れが生じていることが、実測値として得られている。

　人工衛星の軌道は高くなるに従い慣性力の関係で速度が遅くなり、重力も小さくなり、一般相対性理論の効果と特殊相対性理論の効果に違いが出てくる。
　従って、地上では一般相対性理論が優勢であったが、高度が高くなるに従い一般相対性理論の効果が小さくなり、特殊相対性理論の効果が優勢になり、【Δt】と［Δt］とが、プラスマイナスでゼロになる軌道がある。それは、理論的には高度は3200kmの軌道である、との報告がある。

　特殊相対性理論の場合は相対量である速度に起因するために、観察する側から見ると、相手の観察される側に常に時間遅れ［Δt］が発生し、常に相手側が遅れるように観察されるのだった。

　一方、一般相対性理論における場合は、重力とか加速度という絶対不変量に起因するために、観察する側、観察される側に関係なく、常に空間の歪みの大きい側が一方的に、【Δt】だけ遅れるのであった。
　ここでは観察する側と、観察される側に時間遅れの違いは発生しないので、地球側が遅れれば宇宙船側は進むことになる。これは極めて常識的である。
　このことは、一般相対性理論による時間遅れは、多世界宇宙を再生産する要素ではないということになる。

　さてここで一つの結論を示せば、特殊相対性理論での時間遅れ［Δt］は、「座標系を指定した時、その中を移動する物体の速度は光速を超えられない」とした「4次元眼鏡」を通して、世界を観察している時に発

生するのである。

　ここで４次元とは、空間３次元＋時間１次元、計４次元の我々の住む
この世界のことであった。

　次章以降で述べるつもりだが、多世界宇宙は４次元を超えているのだ
が、それを無理矢理４次元世界に投影し、それを４次元眼鏡で見ている
ことになる。その事を「多世界宇宙から、その一部を切り取った」と表
現したのだ。その「多世界宇宙からの切り取り」のことを、後に、「多
世界宇宙の一部を４次元に変換し、４次元ディスプレイに映し出した」
と表現することもある。

　この切り取った４次元世界を４次元眼鏡で見ると、宇宙は歪んで沢山
の世界が再生産されて、重なって見えるのだ。
　つまり再生産された多世界宇宙の断片が歪んで見えるのだ。

　比喩で話してみよう。これは比喩というよりも事実なのだが。
　私達の住む４次元世界を我々はしばしばディスプレイを通して２次元
に変換して、それを大脳が疑似的に３次元化して見ている。この事は誰
もが知っている３次元から２次元への変換である。
　だから、６次元の多世界から４次元世界に変換してそれを観察するこ
とは、それほど不思議なことではない筈だ。

　６次元の多世界宇宙は、４次元眼鏡を通さずに高次元のまま見ること
が出来れば、多世界宇宙の全体像が観察されるのだろう。しかし、我々
は今のところ４次元ディスプレイに映し出された映像を、４次元眼鏡を
掛けて見ることしか出来ないのだ。
　読者には常に、次元数を意識して戴きたいことから、「多世界宇宙は、
４次元世界との境界部分の５次元を含む６次元」としたことを忘れない
ようにして戴きたい。

その、［5次元の境界部分の多世界宇宙］から一つの世界を選択して切り出してくることで、私たちの体験する4次元の「現象」の世界が生まれるのだ。

5次元の境界部分とは6次元の追加時間軸と追加空間軸のどちらかが劣勢で、もう一方が優勢で有るような、つまり完全な6次元世界とは言えない、不完全な6次元世界であると考えられる。

そして、二つの追加軸のどちらも劣勢になった時に、4次元世界の「切り出し」が行われたことになる。

［高次波動宇宙］から多世界宇宙が発生する

「多世界宇宙・発生論」の名称の由来は、［高次波動宇宙］から、多世界宇宙が創造され、「場」が整い、「場」を通しての生命活動が始まった事を重要視して、物理学の根源もここにあると考えたことによる。

さらに、多世界宇宙から我々の活動する4次元世界が切り出される、二次的な多世界宇宙の発生であるからである。

この書で、多世界宇宙はp次元、［高次波動宇宙］はn次元とし、pとnとで区別して表記する。

量子力学からの類推として、n次元の［高次波動宇宙］を扱うときのn次元の波動方程式をΨnと表現する。

最大値nはこの段階では未決定であるとする。ただし、n=4の時のみ、Ψnは$\Psi 4$となり、これは我々の知る4次元世界でのシュレーディンガーの波動方程式に対応する。ただし本論では$\Psi 6$の立場を取るので、この時$\Psi 4$は$\Psi 6$による4次元世界での近似解となる。

後に、多世界宇宙の次元数pに合わせて、p=6として議論を進めるが、一般解としては、p>6の場合も想定しているので、

未決定として議論を進める。

そこで一般化すれば［n次元の波動方程式］Ψnが先に有り、それがp次元の多世界宇宙を創造すると考える。［高次波動宇宙］の次元数nは、n＝11が最大であり、多世界宇宙の次元数pは、p＝nか、p＜nである。

さて、高次の波動方程式のように存在している根源的宇宙、即ち［高次波動宇宙］は誰も見たことがない。

［高次波動宇宙］が、多世界宇宙に元現象化する時、それは必ずフラクタル的に発生する。

この両者の関係をフラクタル構造と言う。

［高次波動宇宙］の中に、あたかも渦潮が海流のいくつかの条件が整った時、多世界宇宙は発生する。それは同時に沢山発生し、互いに関連し合う。このときのフラクタル構造は互いにフラクタル結合していて、それぞれが共鳴関係にある。その状態をフラクタル共鳴状態と言うのだ。

フラクタル共鳴は今後しばしば登場する語句なので、注視していただきたい。

だから、多世界宇宙の中のそれぞれの宇宙はどこか良く似ていて、それでいて、よく観察すれば一つ一つは微妙に異なっている。

そのような多世界宇宙がフラクタル構造として沢山発生するのだ。

この多世界宇宙を生み出す［高次波動宇宙］は、波動関数的な宇宙の「展開」の最も根源的な姿こそ、宇宙そのものなのだろう。

［高次波動宇宙］から生まれた多世界宇宙と、再生産された沢山の世界が重複しつつ存在し、その一つに自分が存在し、他の世界は歪んだ形で見えてくるようだ。

　つまり、４次元眼鏡によれば、自分以外の世界が準光速に近づくにつれて、眺めた世界の歪みが大きくなり、世界が複数に見えてくる。

　そして当然、複数の世界が歪んで発生するために、「双子のパラドックス」が生まれることになる。

　これは人間が勝手に４次元眼鏡をかけているからなのであって、根源的宇宙の存在はそのままであるから、４次元眼鏡を通した世界は仮の投影であって事実ではないのかもしれない。

　この４次元眼鏡はどうも、人間のための、「宇宙のつじつま合わせのための手段」なのかもしれない。しかし、それがこの世界の正体のようだ。

　上記のように、［Δt］と【Δt】とは発生メカニズムが異なることから、これを多世界宇宙の属性と理解し、敢えて［Δt］と【Δt】を一括りにしないのが良いと判断した。

　今回の考察によって新たな疑問も出てきたが、これは学問の常であるから、今後の実験や研究の対象となる。

　ところで、時間遅れ［Δt］が、多世界を個々に分離しているようにみえるが、「t」が独立変数ではないことから、［Δt］が多世界宇宙であるための条件ではない。

　分離を認識出来ようと出来まいと、時間差［Δt］が有ろうと無かろうと、時間軸「t」に関係なく多世界は存在していると考えるべきだろう。

第**3**章

量子力学と
一般相対性理論の不整合

　この章では、前章までで議論したように、特殊相対性理論によって、時間軸「t」が「4次元世界の限界」では独立変数としては扱えないことは、一般相対性理論に於いても同じであり、さらにそれらの事実に加えて「量子もつれ」や「二重スリット実験」に触れて、量子力学との関係に発展させることで「多世界宇宙・発生論」を展開させる。

［高次波動宇宙］は多世界宇宙を創造する

　我々の4次元世界から遡れば、現象の前段階には、多世界宇宙としての、元現象の世界があり、その元現象の前段階には［高次波動宇宙］として多くの変数と、未決定の定数と、初期条件を決める沢山のパラメータ、そして次元数を決める重要変数から成っている。

　ここで、［高次波動宇宙］には「元現象」を生み出す「元」となる「未現象」を定義しておく。

　［高次波動宇宙］は極めて論理的な存在である。それを数学的に表現すれば、高次の波動方程式に発展させた形になると思うが、それでも決定的に足りない「項」が存在する。それに関しては最終章で述べたい。

　［高次波動宇宙］は高次の波動方程式で表現される。その次元数、各種変数と定数、各種パラメータを「量子化変数群」と呼称する。

　ここで「量子化変数群」の中の、幾つかの変数を決定することにより、様々な多世界宇宙、その次元数、及びその世界の各種状態を生成する。（後述）　　　　　　　　　　　　　　**[巻頭図13B]**

　量子化変数群を少しずつ決定して行くにつれて自由度を失い、その事でより具体的になり、次元が落ちて定数が定まり、変数が決まり、多世界での初期条件が決まり、最終的に4次元世界に到達する。

　［高次波動宇宙］には距離や時間やその他、我々の知る物理学の基本となる4次元的な要素はまだ無い。ここで「無い」という意味は、そのような低次のものはまだ決まっていないという意味だ。

　［高次波動宇宙］は多世界宇宙の高次の「極小構造」から低次の「極大構造」に向かって、宇宙の概略構造を創り上げる。
　［高次波動宇宙］は次第に次元を下げて、我々の知る4次元世界の量子力学をその一部に取り込むまでになる。
　一方で、［高次波動宇宙］は「極小構造」の積み重ねにより「極大構造」の世界を創り、量子化変数群を決定して、宇宙の全体構造を創り上げる。
　さらに、［高次波動宇宙］は全体構造に手を加える形で、必要な時に（その意味は後述）多世界宇宙の全域の「極小構造」を決定し、宇宙の最終構造を創り上げる。
　それが最終的に4次元世界に切り取られると、そこに初めて、時間・空間・他の物理量の量子化変数群が決められてくる。或いはパラメータが適宜変更される。

　［高次波動宇宙］の量子化変数群を決定したことにより、「極小構造」と「極大構造」により、多世界宇宙は生成されたことになる。
　多世界宇宙は［高次波動宇宙］にフラクタル結合するように創られて

いて、［高次波動宇宙］から多世界宇宙に向けてエネルギーを供給する。このフラクタル結合による両者の構造をフラクタル構造と言う。フラクタル構造は次元の異なる関係にある複数のシステムを結合することが出来るのだ。宇宙はこのようなフラクタル結合で成り立っている。

　つまり、［高次波動宇宙］はフラクタル構造によるフラクタル共鳴によって多世界宇宙にエネルギーを供給している。ここで共鳴状態とはエネルギーの伝搬を意味している。

　この書では、「フラクタル」の語句を一般の概念よりも広い意味で使っているが、読者には読み進むにつれて次第に深く理解頂けるモノと思っている。

　ここで、次元を超えてベクトルが相似形に対応して、宇宙全体に共鳴することをフラクタル共鳴と言うのだが、今後次第に意味は明確になっていく。一方、宇宙全体ではなく、部分の作用はベクトル共鳴、又は単にベクトルと言うのだが、この語句も一緒に記憶して戴ければ有りがたい。

　ところで、［高次波動宇宙］と多世界宇宙を我々の住む４次元世界から見ると、［高次波動宇宙］は極小構造に係わり、多世界宇宙は相対性理論で扱う極大構造に係わっている。

　多世界宇宙の創世に於いて、量子化変数群の決定により［高次波動宇宙］から創られた極小構造の蓄積が、積もり積もって多世界宇宙という極大構造として存在している、と言えるのだ。

　そして、［高次波動宇宙］に対して、量子化変数群を決めてやれば、いつでも多世界宇宙を生成できるし、変更できるし、その事で過去を再現できるし、未来をシミュレーションできる、ということを意味している。

　そして我々は４次元世界に住んでいるようだが、実は、元現象として

生まれた６次元の多世界宇宙に今直接係わっていて、その深い関係のもとに、出入り口としての４次元世界を「４次元眼鏡」を掛けて生きているのだった。

　[高次波動宇宙]とそこから発生した多世界宇宙においては、次元数が高いために４次元的な様々の物理量は、まだ意味を持たない。
　それらの語句は、４次元世界に切り取られるときに意味を持ってくるモノなのだ。
　我々の観測に掛かる４種類の素粒子（電子・ニュートリノ・２種類のクォーク）は、切り取った４次元世界の極小構造の境目に有って、それらは量子化変数群の決定直後に生まれてくる素粒子と思われる。

量子力学と「４次元世界の限界」

二重スリット実験の意味すること

　我々の学問では極大構造の世界を扱う特殊相対性理論、一般相対性理論と、極小構造を扱う量子力学は未だ相互に関連付けられていない。両者の関係がまだ見つかっていないのだ。

　しかしながら、「多世界宇宙・発生論」を導入すれば極小構造の世界の量子力学にも、極大構造の世界を扱う相対性理論にも係わってくるので、現状は出来ていない両者の橋渡しが出来るのではないかと、大いに期待したいところである。

　極小構造の世界を扱う量子力学に関係して、物理学的整合性に矛盾点が出ているのが「二重スリット実験」である。そこで、「二重スリット

実験」を復習する前に「多世界宇宙・発生論」の立場から極小構造の世界を論じておこう。

[巻頭図8]

　難解な量子力学であっても「多世界宇宙・発生論」を導入すれば、4次元を超える多世界宇宙からの作用や次元境界領域（連絡通路）からの作用であれば、波動の量子化や、量子の生成や消滅、瞬間移動、及び波動と粒子性の二面性等の説明や、さらには時間空間を超えての移動や。性質が似ているブラックホールやビッグバンなどの説明は、同じ理論で物理的整合性をもって説明出来てしまうのだ。

　ただし、説明出来たとしても、最終的に実験事実との整合性がなければ証明されたことには成らない。実験結果を待つまでは、決定的なことは言えないのだ。

　さてここで再度「次元」の話を持ち出すが、多世界宇宙の底辺部の4次元世界との境界部分では少なくとも5次元であるとし、それ以外の部分は6次元として話を進める。これは将来多少修正される可能性を感じながら書いている。

◈ ［高次波動宇宙］の基礎知識

　「多世界宇宙・発生論」で扱う波動方程式はn次元(n＞6)である。シュレーディンガーの波動方程式はn＝4に対応していて、4次元であることと、決定的に違う。
　何故、シュレーディンガーの方程式がはじめから4次元なのか、私には到底理解できない。自らの手足を縛っているようにさえ思えてくる。例えば、n＝6としての波動方程式を立てて、結果としてn＝4でも説明出来るのであれば、その時の条件に限ってn＝4とすれば良いだけのことであるのに、である。

その後の様々な実験結果が高次元を示唆しているのに、n＝4を固執する意味は無い。後に多少述べることになるが、超弦理論では、１１次元が提案されている。

以下、n次元［n＞6］として扱う［高次波動宇宙］は未決定の量子化変数群を持ったまま、n次元の波動として大きくも小さくも振動しつつ、流動しつつ、n次元［n＞6］の宇宙を構成しているのだ。
ここで［n＞6］と記述したが、いつでもn＝11に対応できるように備えておく必要がある。

そこで、先ず［高次波動宇宙］は多世界宇宙を発生させたのだった。そこまでは、かなり量子化変数群を決めてきているが、それでもまだまだ未決定の量子化変数群を持ったままである。

多世界宇宙は、我々の４次元世界を連続的に結合したような、５次元世界を境界として含み、全体は６次元世界として議論を始める。
しかも「t」が独立変数ではない、他の変数に従属したまま、過去も未来も無い、自由度の高い宇宙を構成している。

そして、最終的に我々は多世界宇宙から４次元世界を切り出して、かなり制約された４次元世界に現象を成立させている。

しかしながら、それであっても、まだまだ量子化変数群は未決定である。或いは変更を待っている。

未決定であるために、極小構造の世界では波動の性質のまま粒子の性質をも持ちながら、二面性を持ったまま４次元世界として切り取られてくる。

極大構造の世界も極小構造の世界も、どちらも多世界宇宙から切り取られ、４次元世界に現象化するのだが、極小構造の世界の特徴は、波動としての振る舞いが最後の最後まで継続し、現象化によって初めて波動性を失うように見える。

　そのときに、波動と粒子という二面性が生じて、最終的に粒子として現象化し、新たな多世界宇宙の再構築が成されるのである。

　そのような、基礎知識を持って以下を読んでいただきたい。

◉ 多世界宇宙と「量子もつれ」

　量子のスピン、運動量などの状態が一体化した量子多体系に於いて、二つの粒子が切り離されても、離れた粒子間に互いに同時に共鳴するように、時間ゼロで作用する「量子もつれ」という現象がある。

　［高次波動宇宙］の中では、粒子は常に、n次元世界で運動し、それを我々は４次元世界で、４次元眼鏡を掛けて粒子を観察することになる。
　この「量子もつれ」は、４次元世界の観察だけではとても難解になるが、n次元の［高次波動宇宙］と多世界宇宙から切り取られた４次元世界の現象と考えると、特に不思議な現象ではなくなる。　**[巻頭図１１]**

　仮に、n＝6、p＝6として説明すれば、６次元の［高次波動宇宙］と６次元の多世界宇宙では同一だった粒子が４次元世界として別々に切り取られ、それが４次元の異なる場所に投影されたと考える。

　そうすれば、別々に切り取られた粒子は当然、同じ動きをしていて共鳴状態にある。６次元世界にある同じ粒子を４次元世界で見ているのだから、両者が時間ゼロで同じ動きをするのは当然のこととなる。

　この関係が継続することもあるし、それぞれの共鳴関係が崩れてしま
うこともある。
　崩れてしまうと、独立した別々の粒子に変化するというだけのことだ。

　元が一つだった切り出された二つの粒子は、同一空間で直接結合され
ているのではなく、元の世界の６次元世界で一体化しているのだから、
つまり６次元を介して互いに結合しているのだから、時間ゼロで互いに
共鳴しているのは特に不思議なことではない。

　ただし、基本的にこれは［高次波動宇宙］による作用であり、［高次
波動宇宙］が係わらない多世界宇宙だけの極大構造の世界の場合には
「量子もつれ」は生じないだろう。つまり、極大構造の世界の一部の極
小構造を決めようとする時に、それは発生していると推論できる。

　そうであれば当然、［高次波動宇宙］が強く作用していれば、他の４
次元世界との間でも「量子もつれ」が存在し、その時間軸はそれぞれ固
有で独立しているから自分の住む４次元世界から見ると時間差で「量子
もつれ」が発生する。一方は未来であり、過去であり、時間を跨いで生
じることになる。
　さらに、６次元世界での元の粒子が分裂してしまえば、二つの粒子間
の時間ゼロでの共鳴関係は崩れることになる。

　４次元世界における量子の変化は当然、元の６次元の粒子にも反映す
る。４次元世界での「量子もつれ」の粒子に外力を加えるなどをすれば、
やがて４次元世界からの影響で６次元世界での粒子が分裂したり、移動
したり、合体したりなどの変化がある、と予想できる。

　このように、元々６次元世界で結合された粒子なので、互いに同期し、
共鳴関係にあるのは当然であり、４次元世界での距離は関係ないことに

なる。切り取り方によっては距離だけでなく、時間も関係ないことになる。これは物理学の未来を示唆する重要な概念である。

　全ての現象を４次元世界の中だけで解決しようとするから、極めて難解となり、理解しがたい現象が生まれ、それを説明するために複雑な理論が生まれてしまう。［高次波動宇宙］で考えれば多くのことが説明出来るのだ。

二重スリット実験（ヤングの実験）の多世界宇宙的解釈

　光の波動性を示すための実験を電子についても同じように実験し、光と同様に電子も波動として扱えることを示した有名なヤングの実験がある。

　「電子などの波動の性質を持つ粒子をビームに絞り、途中の通路にあるミリ単位で平行に並んだ二つのスリットを通過するように設定する。この場合は、二重スリットの背面に置いたスクリーンに干渉縞ができる。これは通常、粒子が波動として伝搬することを示す実験である。

　さらに、粒子がこの二重スリットの左右どちらのスリットを通過したかを確認するために観察しようとすると、観察時に限って、観察地点で波動の性質を失い、それ以降は粒子として振る舞い干渉縞はできない。スクリーンには単に二つのスリットの影ができるだけである。

　つまり、観察することで電子が粒子化する場所が異なる。観察によって電子の振る舞いが異なる。このことが、物理学の矛盾点として扱われている。波動は複数の粒子で作るとされていたが、この実験では複数の粒子であっても、単位粒子であっても同じ結果であった。

　「観察しない」ときには元々極小構造に分類されている粒子は波動の

性質を持ち、二重スリットを波動として通過し、最終のスクリーン上に縞模様に広がる干渉という現象を生じていたのであった。

ところが、途中の二重スリットに「観察する」という「系への係わり」を付加することによって、元々の波動は波動性を失い、その時点から以降は粒子性として作用し、スクリーン上には干渉縞ではない二重のスリットの影（輝線）を作るという、不可解な問題なのだ。

この「二重スリット実験」を「多世界宇宙・発生論」から簡単に説明してみよう。

この「二重スリット実験」を「多世界宇宙・発生論」から推論すると、「観察しない」ときには電子は［高次波動宇宙］の未現象の段階に有り、それは波動として扱われる。「観察しない」ということは、その部分はまだ多世界宇宙に反映されていない。

従って４次元世界として切り取られていないことを意味し、極小構造の粒子は元々波動の性質を持ち、二重スリットを波動として通過し、最終のスクリーン上で４次元世界に到達し、縞模様に広がる干渉という現象を生じていたのであった。ここまでは極めて明確に説明出来る。

ところが、途中の二重スリットに対して「観察する」という「系への係わり」を付加することによって、その場が［高次波動宇宙］の未現象が多世界宇宙の元現象に移行し、さらに４次元世界として切り取られることになった。

即ち、その時から「未現象」は直ちに「元現象」となり、ほぼ同時に「現象」として切り取られたことになる。そしてこの観察した地点から電子は波動性を失い、それ以降は粒子性として作用し、スクリーン上には干渉縞ではなく、二重のスリットの影（二本の輝線）を作るという結果となるのだ。

これは「多世界宇宙・発生論」にして初めて説明出来ることなのである。

　さてここで、粒子としての電子は極小構造に分類される構成要素なので、多世界宇宙にはまだ存在しない。それが［高次波動宇宙］における「未現象」であると同時に、量子化変数群が決められ、多世界宇宙での「元現象」となり、同時に４次元世界の現象となる。それらは同時発生であり、区別が付けられないことも重要なことである。

　［高次波動宇宙］の「未現象」が量子化変数群を決定し、同時に「元現象」が生まれるものとして、「未現象」側から説明してみよう。

　ここで重要な前提として、極小構造の世界は多世界宇宙に準備されていないので、その場で［高次波動宇宙］から直接生成される、との前提がある。

　スクリーンだけを見て結果を判断しようとする通常の場合では、多世界宇宙は切り取るべき４次元世界の最終の姿を決定しないまま「未現象」の波動として進行し、最後にスクリーンに到達することで条件が整い、そこで量子化変数群の殆どは決定され、そこで波動は消滅して粒子化し、一気に現象化する。このとき、４次元世界の現象は結果的に多世界宇宙の一断面を生成したことになる。

　ここで「未現象」とは、量子化変数群に係わらない段階の、未だ現象化の［高次波動宇宙］のことである。「未現象」に量子化変数群が係わることで「元現象」となり、やがてその一部が４次元世界で「現象」となる。

　ここで、観察する側の存在が明確になると、つまり最終量子化変数群を決める地点がスクリーン以前の段階の二重スリットであることが明確になり、その時点で波動を作っている多世界の中から量子化変数群が決まり、一つが選択され、二重スリットの時点で現象化し、選択した世界

が決定してしまう。

　ここで重要なのは、「観察しない」場合は、［高次波動宇宙］が量子化変数群を決めないまま、そのまま最初のスリットを通り抜け、次の二重スリットも波動として通過し、スクリーン上に干渉縞模様を作ることで最終的な現象をスクリーン上に形成することである。この時、スクリーンが最終的な現象を形成する地点となったのである。

　参考までに言えば、上記のスクリーンが無ければ、更に波動のまま現象化されないで進むことになるのだ。

　ところが、「観察する側」が第二スリット付近に観測機器を取り付ければ、それは観察地点の第二スリット地点での電子の振る舞いが観察対象となることは明らかである。

　多世界宇宙は5次元の次元境界領域（連絡通路）を含んだ、6次元の世界であり、そこから4次元世界を切り取ることで現象化するのだった。

　つまり、観察という行為によって4次元世界の切り取りの条件が整ったので、第一スリットを通過した後は量子化変数群が決定し、目的の場所（二重スリット）で波動の性質を失い、以降のスクリーンでは干渉縞を作らずに、そこで直接現象化しようとするのである。

　言い換えれば、粒子は二重スリットを通過する地点で元現象化（同時に現象化）したために波動は消滅し、既に粒子と成ったまま、それ以降はスクリーン上に干渉縞を作らずに、スクリーン上には二本のラインとしてのスリットの影（輝線）を作る。

　参考までに言えば、この場合はスクリーンに至らない時点で既に現象

化したので、以降は粒子として行動し、スクリーンを取り払っても、その先に二本のラインの影（輝線）を作るだけである。つまり、どこにも干渉縞は作らないのである。

　観察することで［高次波動宇宙］に用意された「未現象」を量子化変数群を介して「元現象化」する。このことで、多世界宇宙の一断面を創造したことを意味するのだ。

　ただし、その意味は先の議論で示したように、４次元世界の出入り口を選択したに過ぎない。

　そして観察しなければ何ら世界の選択はされず、「未現象」は波動のまま、いけるところまでそのまま「展開」する。
　その場合、スクリーンの面まで量子化変数群は決まらずに「展開」する。つまり干渉縞を作るのだ。

極大構造の世界と極小構造の世界がある

　［高次波動宇宙］と多世界宇宙の二面性とは、波動としての面と粒子としての面であり、極小構造の世界での量子力学の振る舞いと、極大構造の世界での特殊相対性理論、及び一般相対性理論の振る舞いとの二面性に通じる。

　現状で我々の扱う特殊相対性理論、及び一般相対性理論と量子力学との二面性は、４次元世界においても［高次波動宇宙］と多世界宇宙との二面性を受け継いでいる。

　［高次波動宇宙］は「未現象」であり、それに観察する側から係わることによって、多世界宇宙と我々の４次元世界に、極小構造の量子力学

的世界と極大構造の相対性理論的世界を創り出し、最終的には「元現象」を4次元世界に「現象」として切り出す作業をしていることになる。

　波動とは元々［高次波動宇宙］の主たる要素であるから、量子力学は［高次波動宇宙］的性質を強く反映していると言えそうだ。この点が古典物理学や相対性理論との差異なのだろう。

　［高次波動宇宙］をn次元としたが、本来、n＞6の、高次元のモノだ。それが4次元世界の量子力学の性質にまで強く影響及ぼしている。そして一方、5次元と6次元を含む多世界宇宙は相対性理論に強く影響を及ぼしていると言えそうだ。

　従って、粒子の集まった物体は基本、従来の物理学と相対性理論に従い、物体を構成しない「個」の単位の粒子は量子力学に従い、波動そのものも量子力学に従う。

　ただし、現代物理学ではここでの「物体」（極大構造）と「複数の粒子」（極小構造）との区別はまだ明確に区別できていない。この点、後述する「シュレーディンガーの猫」を読んで確認して欲しい。

　「量子を含む系の物理量は、同時に複数の状態をとり得る。」この量子の持つ不思議な特性を量子状態と言うのだった。この粒子のもつ特性は特に重要なので、以後【量子状態】と括弧付きで記述する。

　この特性は、まさに［高次波動宇宙］の量子化変数群によって決まる状態であり、波動が現象直前の、未現象の状態にあることを示している。このように【量子状態】は［高次波動宇宙］においても、この性質を引き継いでいると言えるのだ。

このように、相対性理論と量子力学の両者を橋渡しをしているのが、［高次波動宇宙］と多世界宇宙なのだ。

　観察しようとしたとき、現象化する地点が決まり、【量子状態】は一つに決定し、波動は粒子化し、４次元の個別の粒子という物体の現象として観察することになる。

　このように、［高次波動宇宙］に立って考えれば、量子力学で扱うような極小構造の世界で起きている事と、相対性理論で扱うような宇宙規模で起きている事とは多世界宇宙を通して見事につながっているように見えるのだ。

　私は「多世界宇宙・発生論」に加えて［高次波動宇宙］との関係で、この「二重スリット実験」を説明しているのだ。

　そうすることで、量子力学と相対性理論との関連性が説明されれば、それを基にして世界の研究者がさらなる実験と理論を展開していって欲しいと期待している。

　それは大きな物理学の発展に直結する筈だ。

「シュレーディンガーの猫」を解く

　この書で【量子状態】による極小構造の世界と相対論的極大構造との違いを語るのにはとても適切な題材である。
　これは、元々の提案時の意味とは多少変化して今に伝わっているようだが、これはこれで十分に面白い思考実験である。
　量子力学で、「シュレーディンガーの猫」というパラドックスがよく語られる。

　原子核崩壊により、ある確率で発生する放射線に反応して、箱の中の毒薬が破裂するように仕掛けてある箱の中の猫は、蓋を開けるまではその生と死との両方の状態を同時に取り得るとした、パラドックスである。つまり「蓋を開けるまで猫は生と死との両方の状態にあり、猫の生死は蓋を開けたときに決まる」とするのだ。これは、複数の状況を同時に取り得るとした【量子状態】からの延長の議論である。

　これを「多世界宇宙・発生論」で解釈すれば決してパラドックスではなく、明確な結論が導かれる。早速「多世界宇宙・発生論」で解釈してみよう。
　通常は、猫の生死という宇宙の大構造（極大構造）は既に決まっていると考える。従って、宇宙の大構造の中に有る猫は、生と死との二つの状態を同時に取るという、この思考実験が期待するような【量子状態】にはならない、と解釈される。
　従って、この思考実験は、「多世界宇宙・発生論」では特にパラドックスとはならない。

　このパラドックスのミソは、極小構造の世界の放射線の発生は、量子力学の【量子状態】の影響を受けていて、未だ決まらない極小構造の原子核崩壊とリンクさせたところにある。

　これは極小構造の世界と極大構造の世界の係わる問題なので、良い例題と思う。
　この設定条件から、一見、猫の生死は【量子状態】に支配されているようにみえるが、【量子状態】に支配されているのは、極小構造の世界の原子核崩壊直前の時点の【量子状態】だけである。
　一方、猫の生死は宇宙の極大構造の世界の大構造として先に決まっている。
　猫の生死は、いかなる場合も生と死の両方の状態を同時に取る状態で

はない。

　この時、猫の生死は極小構造の世界の【量子状態】の支配を受けては
いないからである。

　従って、放射線の発生以前における放射性物質は確かに【量子状態】
にあるが、毒薬の爆発は常に観測される側にあり、既に現象化していて、
【量子状態】のように二つの状態を同時にもつことは既にない。

　従って、その延長にある猫の生死は単なる確率でしかない。箱の中の
猫の生死には「生と死と両方の状態にある」というのは間違いであるこ
とになる。つまり、蓋を開けなくても猫の生死は既に決まっている。き
わめて常識的な結果である。

🌀 量子化変数群だけの問題なのだ

　元々は［高次波動宇宙］から成り立っているこの宇宙なのだから、
［高次波動宇宙］が宇宙の実体であり、私達が見ている世界には実体は
ない。我々は「それが有る」と認識しているに過ぎない。

　しかし、［高次波動宇宙］は直接見えないが、必ず存在しているのだ。

　［高次波動宇宙］は極めて普遍的な存在であるから、宇宙の中のどこ
にでも満ち満ちている。

　　我々の知るコンピュータシステムの比喩として言えば、［高
　次波動宇宙］の量子化変数群とはオペレーションシステム
　（OS）としての［高次波動宇宙］と、その出入力端子（IO）
　としての量子化変数群と喩えることができそうである。
　　OSの下で決められルールに則って、量子化変数群を組み合
　わせることが出来るので、多世界宇宙というアプリケーション
　ソフトウエア（AS）は無限に成立する。量子化変数群はOS

とASとをつないでいるインターフェースである。

　そして、バージョンの違うアプリケーションソフトウエア（AS）もあって、基本的に似ていても多少異なる世界も存在可能である。

　この場合、無限に成立するアプリケーションソフトウエア（AS）とは複数の多世界宇宙であり、バージョンの違いによる差とは、そこから切り出された４次元世界での差異として現れる。

　［高次波動宇宙］のいくつかの量子化変数群を決めることによって、多世界宇宙に元現象化されるのだった。即ち、いくつかの量子化変数群を決めることで様々な多世界宇宙が元現象化されるということは、［高次波動宇宙］からみれば、それは単に「量子化変数群をどのように決めるか」だけの問題なのだ。つまり、定義の問題だけなのだ。

　ここはとても重要なので、後の章で、詳しく論じたいと思っている。

　従って、量子化変数群だけを記憶しておけば、いつでも再設定して過去を再現できる。

　量子化変数群を共通にすれば、同じ世界を幾つも創ることもできる。

　詳細は次章以降になるが、量子化変数群で再現する多世界宇宙は、似ていてもまったく同じ世界ではない。多世界宇宙は多次元で何処を切り取っても連続性があり、似ているが、それぞれ微細構造は多少異なる。

　量子化変数群の再設定によって再現した多世界宇宙は、決して、以前に切り取った４次元世界そのものではない。

　具体例で言えば、過去を再現しても、それは過去そのものでは無いことを意味する。つまり、量子化変数群を操作すれば、以前の世界に似た過去の世界を創ることが出来るのだ。それでも、間違いなく多世界宇宙の一部の再現になっているのだ。それでも矛盾が無いことは、これも後述することにする。

一部量子化変数群を変更すれば、過去を再現し、それに似たような世界を創ることで改良だって可能である。

　そして、まさに改良こそ意味があることなのだ。過去を繰り返し改良して、過去の一部を作り替えることで、納得できる世界を創り上げることが出来ることを意味している。

　当然、未来をシミュレーションすることだって、そのための量子化変数群を組み合わせることで可能である。しかしそれも、現象そのものではなく、元現象である。

　さてそこで、それなら何が本質なのか、混乱して分からなくなる人もいると思うが、実は多世界宇宙ではなく、［高次波動宇宙］こそ本質なのである。

　［高次波動宇宙］が本質であり、そこには宇宙創造の理念があり、方針がある。それらの理念と方針を実現しようとしたのが多世界宇宙であり、後は宇宙の創造にしろ、展開にしろ、量子化変数群だけの問題なのだ。つまり、多世界宇宙は［高次波動宇宙］による被造物なのだ。

　著者として、たったこれだけの説明で、読者がその意味を分かってくれるとは思っていない。最後の章ではさらに語彙を追加して説明を加えるつもりだ。

　ここでこの宇宙に慣れるために、多世界宇宙から切り出した４次元世界の比喩を示しておく。４次元ディスプレイに入力する信号を決めれば世界は何とか４次元に見えてくる。４次元眼鏡を掛けるということも、まったく同じ意味だ。

　元々我々は、「４次元ディスプレイ」に映し出された世界を「４次元眼鏡」をかけて見ているから、「世界の限界」付近で、矛盾が吹き出て

くるのだった。

特殊相対性理論では、速度が光速に近付くにつれて、「4次元世界の限界」に近付き、4次元眼鏡の矛盾が出てきたことは既に話したとおりである。

ここで「4次元ディスプレイ」と「4次元眼鏡」の比喩を使い分けた理由は、「4次元ディスプレイ」とは、多世界宇宙の一部を切り取った4次元世界であり、「4次元眼鏡」とは、それに適して進化（？）した人間の意識の構造である、ということになる。

確かに4次元世界は錯覚だが、人間が日常生活を生きるためにはそれで十分である。十分だからそれで良いという人も居るだろうが、宇宙の真実を知りたい人達は、どうしてもその正体を知っておきたいのである。私もその一人である。

一般相対性理論の限界

ここでもう一つの、一般相対性理論での「4次元世界の限界」、ブラックホールについて語っておかなければならない。

一般相対性理論と標準理論を合体させようとすると、ゼロ点にエネルギーが集中して、数式に多くの無限大が発生するという問題が噴出したのだった。そしてその難問を解決するために、超弦理論（シュワルツ／シャーク／1984年）が提唱され、一応の解決を得た。

それはつまり、粒子の超微細構造において、次元数として10次元を導入し、その後さらに11次元まで導入している。

このように、超弦理論では極微小世界での次元として11次元を導入

していることから、当然、それに対応して［高次波動宇宙］の最も高い次元数は、n＞11として。11次元以上であることが予想されるが、本書では一気にそこまで次元数を上げずに、超弦理論の説明に必要な11次元としている。

　それに伴い［高次波動宇宙］から生成された多世界宇宙の次元数は、p＝6の、6次元止まりに制限している。これもまた、必要に迫られれば、いつでも［高次波動宇宙］の次元数まで次元数を上げることができるように、まだまだ余力を残しているのだ。

　現代物理学の世界では、一般相対性理論と標準理論（量子力学）との統合が超弦理論によって一応数式の上ではなされたと考える人もいる。

　著者の分際としては超弦理論に至る経緯に関して批判する立場には無いが、一般相対性理論と標準理論（量子力学）との統合は「多世界宇宙」と［高次波動宇宙］との統合を意味するのであり、それはこれまで述べてきたように、そしてこれからも述べるように、意外にうまく出来そうなのだ。

　さて、超弦理論によって極小構造の、さらに極微小世界で、次元数を4次元から11次元にすることで「ホーキングのパラドックス」が解決したという点が、［p次元の多世界宇宙］を提唱する著者としては確かに共感するところも有るのだが。……しかしその一方で、突然11次元とは何とも極めて奇異に感じるところでもある。

　ホーキングは、、、おそらく10次元の導入に強い違和感があったと思うのだが、、、当初、超弦理論を否定していたが、最終的に極微小の世界における10次元を受け入れたのである。
　私としては、この時のホーキングの発言と主張に共感できるので、以

下に引用しておく。

それは彼による「数式の正確さよりも、結論に早くたどり着きたい」という発言に共感するからである。

これは、感じる人にはとても強く感じる言葉だ。

この言葉を誰しも冷静に噛みしめる必要がある。数式の上だけで進む理論の展開に対して言いがたい不安を覚えていたのだと思う。

その点に関して私にも言いたいことがある。11次元を導入するのは良いとして、そもそもの始まりのシュレーディンガーの方程式を4次元のままとしておいて、その最終局面で極微少世界に突然11次元を導入するのは矛盾ではないか、という点である。11次元は極微小世界だから関係ないと言いたいのだろうが、そう言い切れるかどうか、確認はされていない。

✿ 特殊相対性理論と電磁気学

本書では、アインシュタインの特殊相対性理論から生まれたパラドックスを解決しようとして、そこから「多世界宇宙・発生論」に発展したが、実は電磁気学においても、思いがけない展開を期待させる。この書で最初に取り上げたローレンツ変換は、実は電磁気学から生まれたものである。

この書では敢えて電磁気学には触れない。それには理由がある。

その一つは、地球で生まれた物理科学の歴史において、電磁気学の発展段階ではマイナスの電荷を持つ電子が発見されないままの状態で電磁気学が発達したために、未だに多少の不整合が存在しているということだ。

歴史的には、電流とはプラスの電荷が移動すると仮定し、そのプラス電荷の移動方向を電流の方向と仮定したのだった。ところが、その後マ

イナスの電荷を持つ電子が発見され、しかも電流とはマイナス電荷を持つ電子の流れが主流であり、これまでの電流の流れとは反対方向であることが分かったのだ。

そこで、電流の流れと電子の流れを逆方向として電磁気学を展開していった。

私もずっと長い間、歴史的経緯からくるこのやり方で問題はないと思ってきたが、最近これを原理的に吟味してみると、どうもここに時々不整合が生じているのではないかと考えるようになった。このことについては機会を改めて、さらに吟味してから公表したい。

この電磁気学での特殊相対性理論のパラドックスが解決されると、そこに新たな重大な事実が浮き上がってくるかもしれないと思っている。それが重大なだけに、研究を継続して真実を明らかにしてからモノを言うべきだと、私は考えている。

もし機会があれば、そして時代がそれを許せば、十分吟味してから公表したいと考えている。

根本的矛盾を抱えたまま議論を進めている

我々が求めているモノは何なのか。ここで多少確認しておきたい。

論理的なはずの物理学で、何とも気持ちが悪いことがある。関係者はいつの間にかその重大な事実を忘れているのではないか、とさえ思われる。

ビッグバンの奥底の問題は、超弦理論で何とか解決されたと信じている人がいる。しかし私には、本当に解決されたのかどうか、よく分からない。

一方、日頃はすっかり忘れられているのではないかと思うのだが、我々の扱っている物理学は宇宙の全質量を含めた全エネルギーの4.9%のみを扱っているだけである。

　既に述べたことだが、約70％を占めていると言われるダークエナジーの存在には全く手つかずで放置されているのが実態だ。

　ダークエナジーとは全く未知のエネルギーで、宇宙の加速膨張を説明するためのエネルギーとして登場し、まだまだ仮説の段階だ。仮説ではあるが、宇宙の加速膨張は、これは観測事実である。

　その加速膨張をエネルギーに換算すると、全宇宙の68.3％も占めることになる。そこには未知の原因による宇宙の加速膨張の根本的理由が有る。

　この原因が明らかになれば、これまでの世界観はひっくり返るほどのことだと思うのだ。

　宇宙の加速膨張が観測で得られているにも拘わらず、目先のことと関係ないとして、これを切り離してしまって、別々に議論されているのが現代宇宙論の実態だ。本当に関係ないのなら問題ないが、それは期待に過ぎないのではないのだろうか。

　それは全体の95.1％の最も重要な部分を放置したまま、残りの4.9％の世界だけで詳細な議論をしているようにみえる。実にバランスを欠いた議論ではないか、と思うのだ。

　ところが、「多世界宇宙・発生論」で言うならば、「4次元世界の限界」近くで起こることは、全て次元境界領域の5次元世界からの影響があり、この宇宙膨張の原因とされるダークエナジーの問題解決についても期待させるものがある。

　宇宙の加速膨張とは多世界宇宙から切り取った4次元断面の一部の3次元体積が今は増加する方向に変化しているという意味になる。時間の過ぎる速さを示す「時間の矢」が変化すれば、ダークエナジーが発生しているように見える筈だ。「時間の矢」が常に一定であるとの保証はないから、ここを調査したい。

　だから、まだまだ現段階では、安易に分かったなどとは言えない段階

だと思う。

我々は今、何を求めているのか

　実は、常に考えることなのだが、美しい方程式が出来て一段落し、次にその方程式が実験事実をうまく説明出来なければ、又新たな数式を追加する、という事を繰り返す。

　結果として実験事実をうまく説明できたとしても、これが正確な意味で、決して「唯一の解」とは言えないし、言ってはならない筈だ。

　美しいからといってその姿に騙されてはいけない。その事がずっと私の心に引っかかっている。

　もしかすると、前提となる方程式が巨大な誤解に基づいているかもしれないからだ。その延長上には「解」が存在しないことだって予想される。それは十分に有り得ることなのだ。

　全体像を把握できないまま、一部分のみを詳細に分析しようとしても、それはそれだけにしか過ぎない。

　ましてや我々は今、部分の真理ではなく全体像を求めているのだ。つまり「意識と宇宙の関係」を求めていることをここに思い出して、再確認しておこう。

　意識を扱うのだから、部分では意味が無い。宇宙の全体像が最も大切であることを片時も忘れてはならないと思う。

　微細な整合よりも、先ずは全体像を正しく把握したいモノだ。「結論に早くたどり着きたい」との気持ちは、このような気持ちを代弁するモノだと思う。後述するが、実は、結論を先に知る方法だって有るのだ。

　そこで著者の提唱する「多世界宇宙・発生論」なのだが、それは意識を含めた宇宙像であることを思い出そう。その全体宇宙の半分側に［高次波動宇宙］と多世界宇宙があり、多世界宇宙は$p＝6$次元、［高次波動宇宙］では$n＝6$次元を扱うので、高次元を扱うという点から超弦理論

と全く違うモノとは言い切れないかもしれない。

　超弦理論はブラックホールという「4次元世界の限界」にぶち当たって、一般相対性理論と標準理論を組み合わせ、さらに11次元を取り入れて超弦理論を生み出した。

　特殊相対性理論、一般相対性理論、それに上記の超弦理論と比較して「多世界宇宙・発生論」を語ってみよう。

　超弦理論は根底において量子力学に基づいているから、シュレーディンガー方程式がスタートである。ということは、方程式が4次元対応であるにも係わらず、スタートを変更すること無く、超弦理論ではブラックホールの中心を示す粒子の微細構造にのみ、突如10次元、11次元を導入するというのは、どこかご都合主義で突拍子もないようにも思えてしまう。

　さてそこで、「多世界宇宙・発生論」の主張は出発地点のシュレーディンガーの方程式、即ち4次元世界の波動を一般的に表現したこの方程式に、最初から4ではなく、5又は6次元を取り入れるべきだとする考えである。

　「多世界宇宙・発生論」では波動方程式として、nという高次元を取り入れる点で超弦理論に似てはいるが、どうやっても超弦理論の延長上に「意識」の存在は出てこないのだ。
　「多世界宇宙・発生論」は、最初から「意識」を扱うために生まれてきた理論である。そこが決定的に他の理論と異なる点である。

　「意識」は次章から詳しく扱うが、本題の「意識」については、ここでは一旦横に置いて、「多世界宇宙・発生論」における物質宇宙について、いま暫く述べておくことにする。

多世界宇宙から切り出した４次元世界は多世界宇宙の一部分でしかなく、次元境界領域では５次元となり、５次元の次元境界領域に入り込んだ「４次元世界の限界」付近では、既に４次元としては扱いきれない状況にある。４次元では矛盾が発生するのだ。

　そこから多世界宇宙との次元境界領域に入り、先ず５次元として扱うことになる。当然、ブラックホールも多世界の次元境界領域で、５次元として扱われることになる。当然、６次元もその背後に控えている。

　そこで私の結論としては、先ず初期の段階として、切り出した４次元世界と多世界宇宙の底辺の次元境界領域で通用する新たな５次元以上の、ｎ次元の波動方程式が必要となるのだ。

　４次元世界はもともと錯覚であるから、「４次元世界の限界」を扱うときには、全ての理論を原点に戻し、４次元対応のシュレーディンガーの方程式を、５次元、６次元世界に対応させるように書き換え、再出発しなければならない。それに伴い、当然ディラックの方程式も同様に書き変えなければならない。

◉ ５次元世界は多世界宇宙への通路

　ブラックホールの中は量子論も相対性理論も役に立たないと言われている。

　しかし、［高次波動宇宙］と多世界宇宙の立場からは、ここに障害は少なく、矛盾があるようには見えない。

　「ホーキングのパラドックス」に出てくる、ブラックホールの中心で熱が発生し、蒸発してしまう矛盾は奇妙だが、多世界宇宙でエネルギーが［５次元の次元境界領域］に移動したとするなら、全く矛盾は無い。奇妙で不自然な１１次元を必要としない。移動した後に、隣接する４次元世界に移動したとするなら、新たなエネルギーが他の４次元世界に噴出したことになり、これも物理的に合理的である。

　ブラックホールの中は４次元世界としては未知の世界だが、４次元世界は元々多世界宇宙につながっているのだから、５次元の次元境界領域（連絡通路）を通して隣の４次元世界に移動しつつある状態と言える。

　何度も話したとおり、多世界宇宙全体で見れば、６次元であり、次元境界領域（連絡通路）は、５次元であり、次元境界領域は４次元世界が他の４次元世界とエネルギーのやり取りをしている通路とも言える。
　そして５次元の次元境界領域は、時間平面(u, p)が強く出ている領域と、追加空間軸(w)が強く出ている領域とがある。そして両方で６次元世界となる。

[巻頭図９] [巻頭図10]

　そもそも、重力密度が無限大に成るような、しかもサイズがどんどん小さくなり、最終的にゼロに成るような、数学的に特異点と成るような点は、６次元の多世界宇宙で考えても、存在しえない。

　したがって、ブラックホールは圧縮されて行く中で、特異点とはならずに、その前に隣の４次元世界にエネルギーを吐き出してしまうと考えれば良いのだ。

　その時、元々のブラックホール側から見れば、ブラックホールに引き込まれた物体は消滅と共に失われるが、次元境界領域（連絡通路）につながり、別の４次元世界に移動するだけのことである。
　隣接する４次元世界につながっていて情報は移動できるのだから、通信が可能である。
　そのためには先ず、自らの４次元世界が多世界宇宙の、どの次元境界領域（連絡通路）の、どの位置に存在しているかを、計測する手段を開発しなければならない。
　このような課題が解決されれば、小さなブラックホールを通して情報を隣の宇宙に移動し、やがては物質も移動することが可能となるときが

来るだろう。

　それが何処なのか、それが新たなビッグバンなのか、それは今後の研究に譲りたい。

　「多世界宇宙・発生論」で考える限り、ビッグバンにもブラックホールにも何ら矛盾は無い。情報もエネルギーも失われること無く保存されるのだ。

　更に、インフレーション理論では、ビッグバンの直後の極短時間に宇宙が急激に膨張したとされる。その速度は簡単に光速を越えている。これは４次元世界では理解が困難となるが、「多世界宇宙・発生論」でなら合理的に説明はつく。追加時間軸（u, p）と追加空間軸（w）を導入すれば説明は容易である。

　更には、「時間はビッグバンで発生した」という研究者もいるが、それは４次元世界では考えにくい事だが、５次元世界まで含めて考えれば、十分有り得ることである。追加時間軸の作る面は２次元なので、「時間の矢」の向きが変わっただけであり、何ら矛盾しない。

　ビッグバン現象が次元境界領域に関与していれば、４次元世界から見た時間（t）が停止することも、さらに追加空間軸（w）が係われば、時間軸（t）から観察したインフレーションの膨張速度が光速を越えることも十分可能である。

　このような、自由な発想が可能な多世界宇宙の中に私たちは確かに生きているのだ。

　量子力学は６次元以上の、［高次波動宇宙］の４次元的投影と考えることができ、しかも、量子力学は相対論的世界とは異なり、［高次波動宇宙］由来の量子化変数群によっているために、現象化されるまではその波動的独立性を保っている。

　［高次波動宇宙］は「展開」する。

　従って、常に量子化変数群の調整をしつつ、最適解を求めて「展開」するのである。

　そして、最適解の量子化変数群は固定的に存在するのではなく、進行する中に、その変化を含めて存在するのだ。

ビッグバンの直後から、4次元世界が始まる

　ビッグバンは基本的にブラックホールと同じ理論で表される。

　ブラックホールがそうであるように、数学的に「特異点」となるようなビッグバンは存在しない。

　そこで、著者が言うところのビッグバンとは「特異点」を含まず、その直後の状態から多世界宇宙の底辺の次元境界領域で発生する。

　ここで次元境界領域とはどこか遠いところに有るのではなく、4次元世界で見れば、すべての場所が直接この次元境界域に繋がっていることになる。

　今後「ビッグバン」と言うときには「特異点」を除いたビッグバンの直後を意味する。

　「ビッグバン」の発生は、多世界宇宙の中に［高次波動宇宙］から直接生成されることもあるが、4次元世界の中で質量が一点に集中してブラックホールを形成し、多層構造の底辺部の次元境界領域を通じて、4次元世界内の、或いは他の4次元世界内のあらゆる箇所に出現してくる。

　大規模なモノは独立した4次元世界として、つまり138億光年の大きさを持つ大宇宙として、或いは小規模なモノとしては既存の4次元世界の銀河系宇宙の中にもしばしば発生し、基本的に場所を選ばない。雷が何処に落ちるか、なかなか予想が付かないようなものである。

　このような理論では「特異点」が存在しないから、起源となる高密度のエネルギーは多世界宇宙の底辺に［高次波動宇宙］から直接供給されるし、或いは4次元世界の中に質量の集中が生じて発生する、と考える

ことで、論理的に無理はなく、物理学的整合性は十分確保できるのだ。

　既存の銀河系の中にも小さなブラックホールやビックバンが沢山存在し、沢山の星が消滅しながら、他の点では新たな星が発生していることになる。

　この議論の延長上には、恐らく多世界宇宙の中にもそのようなエネルギーの湧き出し点は存在していて、エネルギーの集中する点も存在しているとするのが自然な解釈だろう。それを否定する理由は見当たらない。

　多世界宇宙の底辺部では量子化変数群が決定していくにつれて、５次元の次元境界領域から４次元世界の領域の、未決定だった詳細部分が次第に姿を現す。

　ここまでは、現代物理学が破綻する直前の所に４次元世界と５次元の多世界宇宙の次元境界領域があって、そこは隣接する４次元世界との連絡通路となっていて、そこまで含めた多世界宇宙を新たに導入することで、これまで未解決となっていた様々な矛盾やパラドックスが見事に説明できることを示した。

　ただし、「説明出来ること」と「証明できたこと」とは異なる。今後、さまざまな実験事実を積み上げることによって証明していかなければならない。

「多世界宇宙・発生論」を踏まえて、新たな座標軸を導入する

　多世界宇宙の６次元世界、及び次元境界領域の５次元世界から、我々の住む４次元世界を切り出す意味を復習を兼ねて再度考えよう。

　６次元世界から、我々の知る従来時間軸（t）をどのように切り出すか、について、ひと工夫が要る。

　６次元世界は一般的に６軸（w, x, y, z, u, p）と表すことが出来る。そ

してその下に時間追加と空間追加の二つの5次元世界がそれぞれ定義される。

その一つは時間優先の5軸(x, y, z, u, p)とし、もう一つは空間優先の5軸(w, x, y, z, t)とするが、これはどちらも6軸(w, x, y, z, u, p)の一部である。

そして、4次元世界は従来時間軸(t)で切り取ることになるから、その表記は4軸(x, y, z, t)と表記される。

6次元世界から次元を下げて降りてくると、次元境界領域には2種類の5次元世界、即ち(x, y, z, u, p)と(w, x, y, z, t)との2種類が可能であることになる。

一方で、4次元世界が4軸(x, y, z, t)であるから、時間優先の5軸(x, y, z, u, p)が空間優先の5軸(w, x, y, z, t)よりも、追加変数の変化が少ない分、我々の世界に近いと言えそうだ。

恐らく次元境界領域にはこの2種類の座標系、即ち5軸(w, x, y, z, t)と5軸(x, y, z, u, p)とが混在していて、そこから6軸(w, x, y, z, u, p)に繋がっていると推定できる。

このことから、4次元切り取りの意味を確認してみよう。高次元から記述してみると以下のようになる。　**[巻頭図12]**

6次元(w, x, y, z, u, p)⇒5次元(x, y, z, u, p)⇒5次元(w, x, y, z, t)⇒4次元(x, y, z, t)となる。

さらに2種類の5次元世界の間の移動、即ち5次元(x, y, z, u, p)⇒5次元(w, x, y, z, t)と、5次元(w, x, y, z, t)⇒5次元(x, y, z, u, p)とは、比較的自由に行き来できるのだろう。（後述）

多世界宇宙には元々の六つの独立変数(w, x, y, z, u, p)があり、この内の(u, p)が時間に関係する変数となる。それが4次元(x, y, z, t)の(t)として投影される。つまり切り取られる。

次元境界領域における時間軸と空間軸についてもう少し詳しく説明し

よう。

　6次元世界から4次元世界を切り取るときに、この(u, p)を含む2次元面の一部を(t)直線、又は曲線で切り取ることになり、この二つの追加時間(u, p)が作る2次元面上の曲線の軌跡として、時間軸(t)が取得された、と考えるのだ。この切り取った方向と大きさを「時間の矢」というのだった。

　時間軸(u, p)の変数を二つとしたために、空間軸(w, x, y, z)は四つとなる。そこで残りの四つの空間軸は、3次元(x, y, z)に(w)を追加空間軸とした四つの独立変数(w, x, y, z)と考えて議論を続けることにする。

🌐 4次元世界と他の4次元世界との通路を想定する

　特殊相対性理論を説明する対称モデルにおいて、互いに異なる方向に高速移動する宇宙船を例に、それぞれの宇宙船が互いに相手方の宇宙船に対して、時間遅れが［Δt］が発生していることを確認するのだった。

　歴史的には、これは「双子のパラドックス」として知られる未解決の問題であったが、関係者はこの矛盾と見える「双子のパラドックス」に物理的合理性を与えなければならないことになった。

　そこで著者は「多世界宇宙・発生論」を提案し、「4次元世界の限界近くで、双子の双方に新たな4次元世界が生み出される」とすることで、物理的に矛盾の無い合理的な説明に成功した。

　ここでの考察の結果、特殊相対性理論においては、観察する側から見ると、観察される側に対してのみ時間遅れが生じていることが分かった。そして双子のどちらも、観察する側にも、観察される側にも、どちらの立場にも立てることも分かった。

　多世界宇宙から切り取った世界が4次元世界であった。従って、時間

とはこの切り取った世界でのみで有効であり、他の４次元世界では又別の時間が存在するらしい。つまり、時間とは宇宙の絶対尺度ではなく、地域限定のローカル尺度であるらしいとした。

準光速に近付いた「４次元世界の限界近くでは、それぞれの宇宙船が属する新たな４次元世界が二枚に剥がれるように発生し、それによって多世界宇宙が再構築され、二枚に剥がれた相手の世界に対してのみ、どちらから見ても時間遅れ［Δt］が発生する」と理解することで、パラドックスは解消するのである。

ただし、その状況を第三者が現実に認識するのは、双子の兄弟のどちらの立場なのか、或いは双方同時に可能なのか、それに関してはまだ結論を下していない。

特殊相対性理論では速度の限界が示されたが、一般相対性理論に於いては重力に関する限界が示されている。

ここで、速度を微分したものが加速度であり、加速度によって生まれる力は原理的に重力による力と区別できないことから、加速度由来の力も質量由来の重力も同じモノと考えれば、特殊相対性理論と一般相対性理論との関係も速度と加速度との関係に帰着し、互いに微分積分の関係であると言うことが出来る。

そして、微分と積分の関係にある両者によって「速度は相対量であり、加速度は絶対量である」ことから、４次元世界の限界領域を示す時間の遅れに関して、座標軸上での何らかの違いが出てきていることを述べた。

一方、前章でのべたように、一般相対性理論と量子力学で扱うブラックホールが、その巨大な重力が周囲から物質を集めて最終的に到達する、

大きさゼロ、質量密度が ∞（むげんだい）、エネルギー密度が ∞（むげんだい）という「特異点」の存在が、その後の理論の展開の大きな障害となっていたのだった。

　この「特異点」の存在は最終的に大きさゼロの中にエネルギーが集中するという矛盾を生じ、ブラックホールに飲み込まれた全ての物質が過去の情報を失うことを意味していて、これは「ホーキングのパラドックス」、或いは「情報パラドックス」として知られている。

　この点に関して、現代物理学がいかに語っているかを簡単に紹介しよう。
　この「ホーキングのパラドックス」の矛盾を解決する手段として、様々な見解がなされた。エネルギーの集中したリング状の「弦」を想定した超弦理論が生まれ、さらに、「弦」を織り込んだ「膜」にエネルギーが蓄積し、その「膜」が10次元世界に折りたたまれているとする理論が生まれた。そしてこの異次元を導入した論理の展開で、「ホーキングのパラドックス」は、一応解消したかのようである。

　そこで本書では、「多世界宇宙・発生論」から「ホーキングのパラドックス」の周辺を再検討してみよう。
　一般相対性理論でいうところの「特異点」は数学的ではあっても、物理的存在として、決して合理的ではないと判断し、特異点は存在せず、この「ブラックホールの情報パラドックス」はここで展開している著者の「多世界宇宙・発生論」によって解決できるとした。
　　一方、現代物理学の流れとしては、この情報パラドックスを、2次元世界から生まれるホログラフィック宇宙という考え方で説明できるとした。
　　そこでだが、3次元世界の矛盾点を6次元世界から説明しようとしたのが、私の「多世界宇宙・発生論」であり、一方で、2次元のホログラフィック宇宙でそれを説明しようとしたのが、

現代物理学であると言えそうだ。私には２次元のホログラフィック原理を理解して説明することはできないが、ホーキング博士も最後はそれを認めたというから、かなり説得力がある理論なのだろう。

　このホログラフィック宇宙の説明では、量子力学に於ける相補性という概念が出てくる。量子力学でも、ブラックホールの中心近くでは、観測者の位置によって二つの状態を取り得る。これは観測者の立場によって、異なる座標系を取り得ることを示していて、相対性理論に通じる事であり、「多世界宇宙・発生論」にも通じるものである。相容れない相対性理論と量子力学が、観測者の位置で異なる座標系をとるというのは、これまで相容れないとされた相対性理論と量子力学が、かなり接近した事を意味する。そのことから、２次元のホログラフィック原理であっても、複数の２次元のホログラフィック面が複数層を構成していて、多次元を構成すれば、「多世界宇宙・発生論」と矛盾しない概念なのかもしれないと、どこかで期待している。

　しかしそれはそれとして、今暫く「多世界宇宙・発生論」にお付き合い戴きたい。

　そこで、ブラックホールが自らの重力によって潰れていくとき何が起こるかを、「多世界宇宙・発生論」から推論してみよう。この著者の説明は、多世界を導入するという点でどこか共通だが、超弦理論よりずっと美しいと思っている。

　何故なら、著者はこの宇宙を初めから４次元を超える［６次元の多世界宇宙］とし、［n≧6の、n次元の波動方程式からなる高次波動宇宙］であり、特異点を作らずに済むとしているからだ。

　推論してみよう。

　質量とエネルギーの集中により「４次元世界の限界」に達すれば、そ

の極限では隣接する４次元世界に、或いは多世界宇宙の中の次元境界領域に、新たな４次元世界を橋渡しする連絡通路が発生し、エネルギーと情報を互いに移動している、或いはやり取りしている。

　さらに推論を進めれば、つまりブラックホールが新たな４次元世界に移動する過程で、極小構造から極大構造への進行が止まり、極大構造から極小構造へ還元する過程となり、エネルギーの大循環が行われることを意味する。

　質量とエネルギーの集中により現象は元現象化し、未現象化し、量子化変数群をリセットして［高次波動宇宙］による新たな量子化変数群設定からやり直すことになる。つまり、極大構造は極小構造に還元されて再生する。

　この推論には物理学的整合性があり、理論的矛盾はない。

　この推論によって一般相対性理論と量子力学が抱える矛盾は解決できるのだ。

　従って、ここにも「多世界宇宙・発生論」が宇宙の根幹に係わる重要なこととして関係してくるのだ。［高次波動宇宙］の４次元世界に直接係わる所が、量子力学で扱われている世界と考えられるのだ。

　このように「多世界宇宙・発生論」によれば、即ち［高次波動宇宙］によれば、特殊相対性理論だけではなく、一般相対性理論においても、そして量子力学においてさえも、「４次元世界の限界」を超える解釈が可能となるのである。

　重力の正体でさえ、６次元の多世界宇宙と［高次波動宇宙］で考えれば見つかるかも知れない。４次元世界だけを探しても答えは無いのではないだろうか。重力とは、きっと６次元世界では何の矛盾も無く、分かりやすい形で存在しているのではないだろうか。

　いよいよ我々は、６次元世界での波動方程式と運動方程式を導き出さ

なければならないのだ。

　「多世界宇宙・発生論」はさらに展開していくことになる。

　多世界宇宙を導入するまでが、ここまでの目的だったが、ここから先は「多世界宇宙・発生論」をさらに展開して宇宙の発祥や「意識」の問題を扱ってみようと思う。

第4章

物理現象と
意識の関係

　この章では意識が直接的に物理学に関連する部分を議論する。

　第1章までを簡単に復習し、重複しながら互いに関連付けて、意識の問題に向かって議論を誘導していきたい。

　確認だが、4次元世界と多世界宇宙の範囲については、その次元境界領域（連絡通路）をどちらも含んでいるものとし、次元境界領域（連絡通路）を含んで、それより上の次元の世界を多世界宇宙と明確に定義した。

　　そして、多世界宇宙の一部を切り出してきたのが4次元世界(x, y, z, t)であると既に定義した。

　そして、n次元の［高次波動宇宙］では高次の波動方程式が全ての範囲を含んでいて、それが4次元世界には量子力学として作用していると考えるのだ。

　次の世代の人達に、ここで存在を示唆した［高次波動宇宙］を表す6次元の波動方程式を是非解いてほしいと思う。何しろ6次元であることから、対称性については沢山考えられて手こずるかもしれないが、その近似解として4次元の波動方程式が求められ、そこで重力の問題も解決され、前章で言いかけた電磁気学もうまく説明できれば大成功だと思う。

　しかしここまでは、まだ物理学の世界を主として、そこに多世界宇宙を導入したところまでである。まだまだ意識を全面的には扱ってはいな

い。しかし、それなりの準備は出来たと思う。いよいよ、ここからは意識の問題に取り組んでいこうと思う。

◎ ［高次波動宇宙］と意識の係わり

先に記述した「二重スリット実験」に関して「意識」を前面に出して説明すれば、もし「意識」が係わらなければ、電子という極小構造の物体に関しては最後まで微細構造を決定しないまま波動の状態で進み、最後のスクリーン上で波動は現象化し、干渉縞を作るのだった。

一方、二重スリットの部分で、粒子のスリット通過を観察確認しようとして、スリット面近くに観測機器を取り付けると、観察する側の意識が、観察される側（電子）に影響を与えて、量子化変数群を次々確定して、観察した時点で直ちに現象化する。即ち、電子は二重スリットの部分で粒子化してしまい、スクリーン面では干渉縞を作らずに、二本のスリットの筋を作る、という説明が成り立つ。ここに「意識が量子化変数群を決定する」という真実が明らかになった。と言うよりは、この真実を言いたいために量子化変数群を定義したのである。

つまり、観測確認しようとしなければ、即ち電子に「意識」が介在しなければ、波動の状態の電子はスクリーンに達してから粒子化して干渉縞を作り、そこで現象化する。ところが、観測確認しようとしたことで「意識」が介在したことになり、二重スリット面で粒子に成った状態でスクリーン面に到達し、スリットの影を作るのだった。
これは即ち、関連する量子化変数群は二重スリットの段階で突然決められてしまったので、干渉縞を作らないと理解したのだ。

ここでは、観察する側の観察行為により、観察される側に影響を与え、粒子がスクリーンに到達する前に二重スリットの段階で粒子化し、現象

化する、と説明できるのだ。

　このように、観測とは「意識」の介在を意味するのだ。
　そしてそれこそが、この書の主題となる「意識」なのである。意識が
係わることで量子化変数群を決定して、未現象が一気に元現象化し、結
果的には直ちに現象が生成されることになるのだ。
　意識が係わらなければ、それは「観察しない」ことになり、そこには
元現象は生成されず、従って現象は生成されないことになる。まったく
もって、これで論理的に矛盾はないのだ。

　ここに、物理量が全て決定する「現象」と、その物理量が未だ全て決
まらない状態の、現象に至る直前の状態を示す「元現象」と、特に極小
構造に属する物体においては「元現象」と、その直前に発生する「未現
象」が定義された。

　切り出してきた４次元世界では、観察しようとして、意識が係わるこ
とで、未現象の状態をギリギリまで保持し、現象化の直前まで保持する
ことが、この実験結果から推論されるのだ。恐らくこの時６次元での元
現象化と４次元での現象化とはほぼ同時に生じていると考えて良いのだ
と思う。
　つまり、[高次波動宇宙] が４次元世界と係わるところに量子力学が
位置づけられそうだ。

「意識」の作用を追究する

　最後の章では意識の問題をさらに詳しく議論したいが、ここではその
導入部としていくつかの問題提起のみをしておきたい。
　意識に関する議論をするにはまだまだ準備不足なので、議論に付いて
これなかったとしても仕方がない。その時は読み飛ばしてもかまわない。

そこで、著者としてはこの辺で意識に関する問題提起をして、読者にもすこし考えて戴きたいと思う。

【問題提起】／意識の存在／時間の超越性／意識による錯覚

我々は常々、与えられた五感を総動員して周囲の状況を把握し、自分を周囲の環境の中に位置づけようとしている。我々で自覚できる周囲の環境とは４次元世界までであり、この４次元世界の中で生きてくために優先的に働くのが五感である。人間とは、この五感で周囲の環境を把握し、「五感の世界」（ε）を作り、その中での自分の位置を把握しようとして生きている。

宇宙を学ぼうとするときに、いかに五感に騙されないで宇宙の基本を発見するかが重要である。宇宙を学ぼうとするときに、五感が優先的に作用する感覚や常識も、全て疑って掛からなければならない。

その中で最も難しいのが意識を持つ人間の位置づけであり、自分自身の存在の位置づけであり、それは意識の正体を知ることにつながるのだ。そしてどのような学問であっても、それを学ぶ人間側を無視して、つまり意識を無視して体系化しても、本質には到達できずに大きく画竜点睛を欠くのである。

さてそこで、今この書では意識を宇宙の中で位置づけようとしているのだ。

確かに、現代物理学の延長線上で意識の問題を扱うことは至難の業であるが、現代物理学の中で、意識を無視した時の矛盾を指摘することは、ある程度可能である。同時にそれは、万能と思っている物理学の限界をも示していることになる。

先ずは、確率論からの推論で、意識による錯覚について述べて、それ

に対する私の見解を示したい。

　今生きている「現在」という時点が、悠久の時の流れの中のたった一点でしかないとすると、それは確率論的にあり得ないところに我々が生きていることになる。

　先ず、その事に気付き、ここに大きな矛盾点があることを見つけて欲しい。

　物質宇宙に限っても138億年の歴史があるのだから、我々はその歴史の最先端の一点に生きていることになる。この事実をよく考えれば、それは確率的にあり得ない筈だ。

　そこで私の見解は、あり得ない確率で、奇跡の奇跡の頂点で、こうして生きていると考えるのは、これは大いなる錯覚である。それは意識による錯覚であり、「そのつもり」に成っているに過ぎないのだ。

　同時に、時間という概念に、そして現在という概念に、我々がすっかり騙されているに違いない、ということなのだ。先ずはこの時間の認識と、その概念に疑念を持って欲しい。

　宇宙の一部に、現在というピンポイントの地点が存在し、そこに今我々が生きているということなど錯覚に過ぎない。そもそも時間という概念そのものが錯覚なのだ。

　つまり、現在などという一点は初めから存在しないのだ。それでも有るように見えるのは、我々の意識の勝手な思い込みであり、人間という「容れ物」に閉じ込められた、意識による大いなる錯覚なのだ。その意識の正体を探りに、これから出発する事になる。

　意識の正体が分からない段階では実に曖昧な存在に思えるが、しかし結論から言えば、実は、これこそ意識が普遍的存在であることを示している状況証拠である、と私は考えている。それは即ち、我々の意識は本質的に宇宙という意識そのもので有るからこそ、この「軌跡の一瞬」に

生きていることに対して、何ら不思議に思わないし、不安とも思わない
のだ。

　当然、読者に於かれては飛躍がある推論と思われても仕方がない。し
かし、これから述べることを予想してもらうために、結論をチラッと見
ておいて欲しいと思った次第である。

　著者としては、読者には是非、意識の存在を明確にすることに対して
最大限の重要さを感じてもらいたい。意識を正しく位置づけ出来なけれ
ば、全ての学問は砂上の楼閣であることを知って戴きたい。

実は、意識の問題を既に扱っていた

　既にお分かりのことと思うが、著者は最初から意識を扱うことを目的
としていたから、言葉を換えて意識の問題を既に扱ってきていたのであ
る。

　著者は最初から意識を排除せずに成り立つ世界観を構築しようとして
いたのだ。

　著者は、これまでに、観察する側と観察される側として記述してきた
事がある。これは特殊相対性理論と量子力学の分野の実験事実から既に
明らかになったことである。

　この「観察という行為」と「観察される行為」が、実は意識の行為な
のである。だから、既に意識の問題を扱ってきていた、と記述したのだ。

　観察する側と観察される側との違いとは、いったい何を意味している
のだろうか。それが物理学の世界にどのような影響を与えているのだろ
うか。

　これまでの記述から、観察する側とは意識が相手に影響を与えること。
観察される側とは、意識が相手から影響を受けることだと分かる。

そして意識とは観察する側と観察される側との対となって活動している、ということになる。

　この事を先ず理解して欲しい。そしてここに意識の世界と物質の世界との接点があるのだ。

　自分の内側の世界である意識の世界と、自分の外側の物理現象との世界との接点がここに発見できるのだ。

　さらに意識側に立って議論を進めてみよう。

　日常の体験として、４次元世界に住んでいると意識は曖昧で、出来事や現象は確実な存在と思いがちだが、実はそれは意識の作った錯覚で、その実態は影みたいなものかもしれない。

　結論を急げば、宇宙は意識を持って「展開」する。意識が係わることで、意識が［高次波動宇宙］の高次波動方程式に条件を挿入して具現化し、６次元の多世界宇宙を創り出し、その中に秩序を形成し、そこから４次元世界が分離したのだった。そして、それを生成するのも、観察するのも、実は意識である。意識の存在無しに観察はできない。学問も成り立たない。

本質的な意識と、肉体の作用としての疑似意識を区別する

　次章で述べることになるが、肉体の神経系が作る思考作用は、［高次波動宇宙］経由で、肉体の進化の中で作られ、物質世界に対応するように作られた肉体に付随する意識であり、それは本質的な意味を持つ意識とは区別され、疑似意識として扱われ、それは一時的な存在である。そこでこの疑似意識を、この書では敢えて本質的な意識とは区別する。以降、この区別を明確にするときには、本質的な意識を『意識』と表記す

ることがある。詳細は後述する。

　本書では『意識』と疑似意識を明確に分離して扱うために、敢えて明確に区別した。

　つまり、本書でいうところの本質的な『意識』とは、宇宙と共に在り、肉体の神経系が作る疑似意識をコントロールする側の、上位の『意識』であるとする。

　即ち、人間という存在は、疑似意識を抱える本質的な『意識』由来の存在なのである。

　しかし、しかしなのである。個人の認識がそのように成っていれば、人間は『意識』であると言って全く問題ないが、その様に認識出来なければ、つまり疑似意識を自分自身と考えてしまえば、宇宙の法則は疑似意識を自分として動き出す。

　つまり、「人間について、その本質が『意識』であるという正しい認識ができている状態」のことを「覚醒」と言うのである。

　現実には、未だ覚醒に至らなくても、それは知識としてでも、人間の本質は『意識』であり、疑似意識は『意識』に似ていても『意識』ではない、との知見を大切にすべきである。そうすれば、次第に覚醒に近付いていくことになる。

　『意識』と疑似意識はフラクタル結合していて、密に結合している。このような相似形の結合関係をフラクタル構造と言うのだった。

　言うならば、『意識』はそのまま根源的宇宙に直結しているが、肉体と肉体にまつわる疑似意識とは被造物である。この区別は重要である。

　このようなフラクタル構造は宇宙のあちこちに発見できて、この例の「宇宙と肉体とのフラクタル構造」を知ることからも、ある程度、宇宙の設計思想を知ることが出来るのだ。

　そのようにして『意識』という存在を、我々の知る方法でうまく定義

しなければならないが、これはとても困難な作業である。しかし、何とかして『意識』を扱うことが出来るように、ここでの議論を発展させたいと思っている。

　既に、本質的な『意識』と肉体にまつわる疑似意識とを定義したが、現実はこの両者がフラクタル結合状態にあるために、表面上は中々区別できない。そこで両者のフラクタル結合状態のまま区別せずに議論するときは、単に意識と表記することにする。

　既に「『意識』と疑似意識はフラクタル結合している」と記述したが、実はこの『意識』と疑似意識の両者を結合しているインターフェース領域は、死後に肉体から切り離れ、それ自身で意識と似たような作用を持ち続ける。それをここでは「潜在意識ベクトル領域」として、意識と誤解されないように、疑似意識として扱うことにして、敢えて「潜在意識」とは呼ばずに、「潜在意識ベクトル領域」と呼称することにする。この概念は後の議論で必要になる。

　人間は周囲を観察し、状況判断し、決断を下し、行動に移すが、このような精神作用を「現象」として、数理論理的に扱うのにはかなり無理があるが、それに挑戦してみよう。

　同じ「現象」体験した複数の人によって、互いに判断が異なる場合が多々有る。そこでこのような、精神作用を通した判断を「事象」ということにする。「現象」以外に「事象」という新しい概念を定義した。これらの準備をして、これから次第に『意識』の世界に入っていくことになる。

　ここでは導入部として、以下に「事象」について簡単に触れておく。一つの「現象」に接して、人間はそれを人間的意味として捉え、生きる価値や優先順位等からそこに人間的意味を見いだす。この意味は想念として発したり、他から受け取ったりしている。

　つまり、想念は「事象」を作り、「事象」は想念を作るのだ。

　そして、意識の作用はこの「事象」を生み出す原因であり、「現象」としては皆共通であるが、「事象」は人により、異なることが多いのだ。「事象」に関しては最後の方で再び述べるが、先ずは、これだけの「事象」の基礎知識を持って、意識の問題に入っていく。

◉ 根源的な『意識』と主たる四つの機能

　次章で詳しく述べるが、ここではその導入部として多少『意識』について、説明して、整理しておくことにする。　　　　　　　**【巻頭図13B】**
　ここで『意識』とは、

　　　　①／観察する機能　[C・a]

　　　　②／観察される機能　[C・b]

　　　　③／認識・判断する機能　[C・c]

　　　　④／意志によって行動する機能　[C・d]

　　　　⑤／その他の機能　[C・x]

　『意識』は上記主たる四つの機能とその他の機能を有しているものとする。これをしばしば『観察・被観察・認識判断・意志による行動・その他』と記述し、さらに省略形として『精神作用』をそれぞれ [C・a]、[C・b]、[C・c]、[C・d]、及び未知の部分を [C・x] と記述する。又は一連の機能として、[C・abcdx] と記述することもある。

　ただし、『意識』の『精神作用』に係わるエネルギーとは、まだ未知の精神エネルギーであり、厳密にはこの主たる四つの機能による分類だけでは、全ての機能を表しきれないので、[C・abcdx] と表記することで、主たる四つの機能以外をも含むモノとする。この未知の精神エネルギーは宇宙の生命活動に直接係わるベクトルを持つ精神エネルギーであることから、CEneと記述する。上記 [C・abcdx] は、それぞれ段階(Xn)で異なる種類の精神エネルギーであるCEne(Xn)を発することで、生命活動を展開するのだ。

　CEneは、量子化変数群の変数Gに直接係わっていて、高次波動宇宙

の高次の波動方程式に境界条件を与え、変数を固定し、量子化、即ち物質化し、現象化し、「事象」を創る意味を持つ。

CEne(Xn)から条件を受け取った量子化変数群は、具体的に波動方程式Ψ（プサイ）を解いて、「現象」Θ（シータ）と「事象」Φ（ファイ）を創り出すことになる。

即ち、思考エネルギCEneXnが、量子化変数群Gxに作用して、波動方程式Ψを解くことになり、そのことはΨ(CEne(Xn)×GXn)が、「現象」Θと「事象」Φを生み出すと表現できる。

ここまでは過程であり、全貌がまだ記述されていないので、意識の全貌が明らかになる後半を是非楽しみにしてほしい。

ここで気づくことがある。『意識』が重要なのは、それは元々は宇宙の根源の『意識』なのであり、それは根源的存在であるからだ。

本書ではここでやっと、その根源の『意識』を宇宙意識と定義し、その具体的な意味を説明することができた。　　　　　　　【巻頭図14A】

そしてこの宇宙意識を我々人間もフラクタル共鳴の中で共有しているのだ。これを個別意識と定義する。

ここに宇宙意識と、そこから個と、分かれた、個別意識について定義したが、実はこの間には複数の段階での段階意識が存在する。

ここまで、新しい概念を導入できたことで、宇宙モデルはかなりできあがってきた。

つまり、『意識』との表記はこの宇宙意識、段階意識、個別意識のことであった。しかし以後も『意識』との表記をしばしば継続する。

そして、『意識』と疑似意識とはフラクタル結合状態にあるために、切り離して議論できないことがあることも是非承知しておいていただきたい。

ところで、『意識』は根源的であり、宇宙全体を含むが、疑似意識は所属の周辺にしか及ばない。そこが決定的に異なる。疑似意識は宇宙意

識と比較して不完全ではあっても、『意識』とフラクタル結合するだけの、上記の機能（「観察・被観察・認識判断・意志による行動・その他」）を持つ。『意識』或いは『精神作用』とを区別する必要があるときには、「意識」、或いは「精神作用」と呼称する。

　更に、意識とその精神作用は、本書では当初『宇宙意識』に関して定義をしたが、実はこの定義は宇宙全体に拡張されることになる。宇宙はどこもかしこもフラクタル結合状態であり、それは疑似意識にも当然当てはまり、そして、世界そのもの、それが物質世界と見えていても、その座標系そのものに上記の機能（「観察・被観察・認識判断・意志による行動・その他」）が存在していることになる。ここまでフラクタル結合の法則が発展していく。　　　　　　　　　　**【巻頭図19】**

　今後の議論として、当初『意識』で定義された上記の機能（「観察・被観察・認識判断・意志による行動・その他」）は、宇宙の全てに応用展開できる法則として、いちいち区別することなく、意識として扱い、宇宙を掘り下げていきたいと思っている。

　ここまでに何度も繰り返し登場してきた、観察する側と観察される側に関する議論が十分可能なところに到達した。特殊相対性理論で繰り返してきた、観察する側と観察される側とは、意識の機能の一部であり、［C・a］と［C・b］として、互いにCEneのやりとりを意味しているのだ。そして、他の精神作用も、CEneであり、量子化変数群に直接働きかけて、高次波動宇宙の高次波動方程式を解くことで、先ず6次元世界に、元現象化、元事象化をすることで、生命活動の基本形を展開するのである。その後、［C・c］と［C・d］に進み、さらに量子化変数群に働きかけて、より具体的な条件を絞って、4次元世界に現象化、事象化をすることになる。

　さらに説明を加えてみよう。CEneは多層構造の精神エネルギーのスペクトルを持ち、意識と意識の交流をする。［C・a］観察する側、

［C・b］観察される側とは、対象の座標系にベクトル共鳴することである。相手の世界とこちらの世界を共有することである。共有することで、互いにCEneが交流するのだ。観察しなければ、或いは観察されなければ、交流はしない。［C・c］認識・判断する機能は、さらに深まり、対象を認識し、比較し、評価までを含む機能であり、［C・d］意志を伴って行動する機能は、さらに最終結論を下し、自らの責任で、自らの行動を決定する機能であり、主たる四つの機能はここまででほぼ完結する。その結果は、世界との関係で、現象に表れ、それを再び主たる四つの機能が作用して新しい事象を生み、次の展開に進展する。これが生命活動である。

　生命活動において事象とは、上記の連続する四つの精神作用のプロセスにおいての、全体を意味することになる。そして、元事象とは、上記プロセスにおける幾つかの候補が、連続的に存在している状態を意味することになる。更に、現象とは事象の物理現象の面のみを観察した結果であるし、元現象とは元事象の物理現象の面のみを観察した結果である。

　さて、少し宇宙を俯瞰して、『意識』の一つの作用、生命の形態について語っておきたい。

　宇宙が多様性に富み、我々の予想を遥かに超えたところに、生命という意識体が存在し、生命にとって『意識』はその本質である。

　分かりやすいように、人間の場合について話せば、人間の個別意識とは、この肉体に一時的に止まっている『意識』である。一般には「魂」と呼ばれる存在である。

【巻頭図14B】

　そして個別意識とは、宇宙意識の立場から、働きに分かれて、降りてきた『意識』として、肉体という疑似意識にフラクタル結合して、疑似意識の主人（操縦者）の立場として、疑似意識を背後から制御している存在である。

　疑似意識と呼称した肉体に係わる精神作用は、肉体にまつわる思考機

能と行動機能がこの肉体の利害や種の保存に対して優先的に作用する。

　個別意識が主人と喩えたが、疑似意識は未だ未進化で、あたかも疑似意識が統合意識の主人であるかの如く振るまい、疑似意識の利害を振り回すことになる。つまり、未だ進化の過程にあるために、真の主人である個別意識が疑似意識に翻弄されてしまうことが多い。

　疑似意識に翻弄された経験は、個別意識の体験として記録される。その体験を他の個別意識と共有することで、宇宙の体験として蓄積される。
　複数のそれぞれの肉体に纏わる疑似意識としては、たとえ互いに対立関係にあっても、個別意識は元は一つの宇宙意識で有るから、常に協力関係を保って生命活動を展開している。

　この肉体に纏わる疑似意識は種の保存、個体の保存、そして地球環境への適応を目的としていることは体験的に理解できるはずだ。それはかなりの程度、五感で捉えられる地球環境にうまく適応しているので、本物の『意識』と見まがうばかりである。

　互いの意識構造は既に徹底してフラクタル共鳴の中に有るのだ。それを自覚さえすれば、その様な世界が現実世界に現れてくるのだ。
　そして個別意識と疑似意識はフラクタル共鳴を深める方向に進化を続ける。しかし現状はしばしば不整合を生じて人々を混乱させるのだ。

　即ち、人間という知的生命体は、フラクタル共鳴によって全体という宇宙の一構成要素となるように、個性を失うことなく、地球という環境で個性を発揮して生命活動を営むことを主たる目的として生命活動を「展開」しているのだ。
　人間という知的生命体は、宇宙の生命活動の一環として「進化」の一段階にある。

人間という知的生命体としての生命活動の最終的な姿は、多層構造の意識を貫いたフラクタル構造を前提としている。当然のことながら、それはある種の人達が考えるような肉体に纏（まつ）わる疑似意識を中心とした姿ではない。

　生命活動の展開の主たる現場は個別意識を主体としたフラクタル共鳴体にある。

　それは即ち、宇宙を一体として４次元世界で生命活動を追求している姿が人間なのである。

◉ 「未現象」と「元現象」による、意識との係わり

　我々の知る４次元世界における「現象」以前の段階として、既に多世界宇宙における元現象を導入した。そして、［高次波動宇宙］が多世界宇宙に係わる時、それは当然、そこから切り出した４次元世界に係わる時も、量子化変数群が媒介し、「未現象」を生み出し、そしてそこに意識が直接的に係わって、この宇宙の生命活動が進行するのである。

　量子化変数群が決まれば多世界宇宙の５次元以上の世界での元現象が決まるので、その段階の［高次波動宇宙］の係わりを改めて「未現象」と定義することにする。

　ここまでに、我々の肉体の疑似意識が強く係わる４次元世界とは現象を主体とした世界であるが、その元となっているのが元現象を主体とした多世界宇宙である、とした。

　しかし概略の分類はそうであるが、これまでの説明からも、多世界宇宙の次元境界領域（連絡通路）では、未現象と元現象と現象は混在しているし、４次元世界においても量子力学的には最後の現象化の直前まで未現象として振る舞っている。このことは既に述べたとおりである。

これまでの現代物理学は意識の存在を一切無視してきた。

さらにもし、ここで意識の存在を認めたとしても、その意識というものが宇宙の根源に無関係に単に進化の結果であるとか、個別の肉体の中にのみ存在する、とするならば、あまり意味の無いことである。それでは意識に何ら本質的意味はなく、従ってそこに信頼に足る確実な意味を見つけることは困難である。

それは却って物理学の根幹を曖昧にしては混乱を生むだけであり、物理学の発展にはマイナスだろう。

私の意識が選択した４次元世界の、その元の世界となる多世界宇宙はフラクタル状態にあり、共鳴し合っていて、とても似た世界だが、それぞれ微妙に異なるのだった。

「異なる」とは一見不思議に思うかも知れないが、それは「事象」がそれぞれ微妙に異なることから来る。

これ以降、再び「事象」という概念を扱うことになるが、その時にこの事実はさらに明確になる。そしてそれは我々の日常の体験と一致するのだ。

活動するための環境

纏めると、「二重スリット実験」から推論できたことは［高次波動宇宙］には「未現象」という基本設計図［OS］があり、多世界宇宙の極小構造の世界に意識が働きかけて量子化変数群のスイッチを入れて、「未現象」を基にして「元現象」を創るのだ。当然、同時に４次元世界の「現象」を一気に創ることもある。

つまり、目の前には観察する側と観察される側の意識が存在していて、観察する側が二重スリットという観察される側に作用して量子化変数群のスイッチを入れて、高次波動が量子化したことで元現象化し、その一

部を観察する側が現象化したのだ。量子化したことでスクリーン上に干渉縞は作られずに、スリットの影が出来たのだ。

「現象」は「元現象」の一部だから、どちらが先という議論はあまり意味がない。

ただし、我々が住む４次元世界での現象は６次元の多世界世界の「元現象」の一部分を構成していることになる。

これを４次元世界における「多世界宇宙の再構築」と言うのだ。

一般化して表現すれば、意識が「未現象」から「元現象」を創るのだ。つまり、意識が［高次波動宇宙］から多世界宇宙を創るのだ。

ここで、意識によるこのような創造活動が多世界宇宙を発生させ、再構築をするので、「多世界宇宙・発生論」との言葉が生まれた。

さらに既に記述した事として、極大構造としての「６次元の多世界宇宙からの４次元世界の切り取り」も、実は意識の作用であったのだ。つまり、ここでも「意識」が決定的役割を果たしているのである。即ち、宇宙意識は［高次波動宇宙］の量子化変数群に作用して「場」を創造する。その［高次波動宇宙］を宇宙意識が生み出し、そして意識がそれを認識するのだ。［高次波動宇宙］においては次元数(n)はまだ未決定で、意識が「場」を生み出すときに「場」の次元数(p)が決定され、量子化変数群としての６次元の波動方程式の次元数(p)を決定する。

そう考えることにする。そのように勝手に考えているのではない。生命活動の条件を満たすために最も効率が良いのが６次元と考えるからだ。

意識の概念を導入したことにより、多世界宇宙の追加説明がここまで可能になった。ここまで来てやっと核心的な説明に入れたように思う。

意識を導入したことで「宇宙の創造活動に於いて、意識の活動が決して付随的なモノではなく、本質的なことである」との理解を読者に求めているのだ。

　知的生命体の定義を最も広くとった時の、その知的生命体の活動によって生成されつつあるのが多世界宇宙である。つまり、知的生命体の意識が多世界宇宙を創っていくのだ。

　知的生命体とは、最も広い意味では肉体をもった人間と、人間と同様に肉体をもった宇宙人、その人間と宇宙人を守護する、肉体を持った経験のある守護の神霊、更には肉体をもたない霊人、神々、それに多世界宇宙の様々な階層で活動する生命体である。

　これらの生命を全て知的生命体と新たに定義すれば、多世界宇宙とは、これらの知的生命体の意識によって構築されつつある世界なのだ。

　[高次波動宇宙]は意識の活動の場であり、量子化変数群を駆使して次の具体的な生命活動の展開のための設計図（未現象）を創る所であり、そしてその設計通りに創り上げられたもの（元現象）が多世界宇宙である。

　そして人間は、この４次元世界の「現象」というトンネル工事が終われればトンネルから解放されて５次元以上の多世界宇宙の世界で生きることになる。そうして何度か行き来している内にフラクタル共鳴が強まり、自由に宇宙の何処にでも行けるようになるのだ。そして自由に何でもフラクタル共鳴の中で創造することが出来るようになるのだ。

　そして、渦潮のように生まれた多世界宇宙の集団が存在し、さらにその一部の集団の多世界宇宙の中から我々自身が更に選択した一つが、この４次元世界である。

　そして、あなたが住んでいる世界も又、数ある多世界宇宙の中から、一つの多世界宇宙の、更にその一つをあなたの意識が選択した世界に過

ぎないのである。

　多世界宇宙の一部分としての４次元世界の中で、人間は体験を積んで多世界宇宙の一部に係わって、自分たちの生命活動の場を展開し、構築していくのだ。

🌐 意識と物理学の関係を追究する

　さて、ここからは多くの人はあまり経験のない意識の問題と物理学との関係について語ることになる。

　突き詰めて考えると、［高次波動宇宙］はそのままでも存在し続け、元現象化しなくても、、、そしてもちろん現象化しなくても存在し続け、「展開」し続けている。

　切り取られた４次元世界は、それは人間側からはそう見えているのであって、切り取った４次元世界は多世界宇宙としては以前のまま連続的につながっている。そのように考えれば、多世界宇宙の底辺部は我々の住む次元境界領域でもあり、同時に隣の４次元世界の次元境界領域でもあることが良く理解できる。

　人間の意識は多世界宇宙と共にあって、「肉体を持って生きる期間」の意識は一時的に次元境界領域から４次元世界に降りてきて、４次元世界に働きかけている。従って、この次元境界領域は意識の働きの連絡通路でもある。

　宇宙の極大構造という大構造は、既に大まかにできあがっている。
　そして、［高次波動宇宙］は多世界宇宙全体から４次元世界をも覆っている。

[高次波動宇宙]は極小構造を創る前段階の未現象として、そして一方では、これまでに多世界宇宙全体を創り出し、そこから切り出した4次元世界にも係わっている。その4次元世界においては、元現象が現象化に向かうことで固有の時間が生まれたのだった。

多世界宇宙は多層構造であり、平面構造ではない。つまり多次元多層構造なのである。

[高次波動宇宙]が未現象として多世界宇宙に係わり、元現象を創り出した。多世界宇宙は[高次波動宇宙]から創られた被造物であるから、[高次波動宇宙]から切り離れては存在できない。

多世界宇宙はその極大構造が決まるにつれて、より具体性のある多次元の多世界宇宙に成長することになった。4次元世界は、この多世界宇宙の底辺部の中からその一部を切り取ることで発生した世界である。

次に、単に語句の定義の問題だが、、。
多世界宇宙の底辺部の次元境界領域とは、幾つかの4次元世界が重なる5次元世界であり、複数の4次元世界の連絡通路でもあり、複数の4次元世界がかなり重複している。

意識の存在を積極的に考慮することで、今後様々な展開がなされていく。
そして我々人間の意識は「多世界の中から一つの世界を選択し、更には新たな世界の生成という作業」をしている。つまり、我々の意識は日常生活の中で宇宙の創造活動を積極的にしていることになるのだ。

そして個々の人間の意識を働かせることは、宇宙の創造活動に参加することを意味しているのだ。

だから、人間の意識は多世界宇宙の一部に係わって、４次元世界からその一部分の再生産と調整と修正をしていることになるのだ。

意識を扱う新しい研究手法と学問体系

　前章までは「観察する側」「観察される側」という二つの異なる立場に分けて、物理学的に話を進めてきた。これ以上議論を進めるに当たり、いよいよ「意識」の問題を前面に出して議論する段階に来たと思っている。

　特殊相対性理論で示された、観察する側、観察される側という二つの立場と、量子力学における二重スリット実験での観察する側、観察される側という二つの立場と、波動の持つ未現象の性質と、現象化を左右する「意識」が今後の重要なキーワードとなる。

　多世界宇宙と呼称した世界観は古くから提唱されていたが、以前の多世界宇宙の研究は従来の物理科学的手法の延長で何とか処理してきたのだと思う。
　しかし、ここに新たに導入した「多世界宇宙・発生論」では、既に従来の学問体系を大きく逸脱していて、既に意識の問題からは逃げられない状況にあるのだ。
　そして、ここから先は新しい学問体系とそのための手法が必要であると言える。
　これから扱う「意識」に関しては、まったくもって従来の学問体系と既存の手法の中には無い。

　結論から言えば、「意識」について述べるためには、結論から出発して、それを体験的に確認することで既存の語彙を駆使して言葉に表現するという帰納法的な手法と議論になるだろう。

　ここからは新しい手法と学問体系を模索しつつ、新しい手法と論理を構築しながら「意識」の問題に踏み込んでいくことになる。

　今の科学の説明では「意識とは人間が進化の途中で取得した機能」などと勝手な事を言っているが、それではまったくもって何も言っていないのと同じである。

　さらに、そんな進化の途中の意識に頼っていて何が分かるのだろうか。その進化は何処に向かって進むのか。その方向に疑問を持たないのか。それを考えれば不安になるから考えないようにしているのか。

　もし、そこを考えれば、人間の存在そのものが危うくなってしまう。そんな意識に頼って学問をしても、そこから何が得られるのだろうか。もし何か得られたとして、そこに何の意味があるのか。

　そうではないのである。
　「意識」こそ、宇宙創造の根源であることをじっくりと語ってみたい。

生命活動としての事象と現象

　先に、［高次波動宇宙］は現象の大元ではあるが、決して元現象ではなく、その元現象のさらに元となる「未現象」であるとした。
　そして、多次元世界における多次元の現象を「元現象」と定義した。それは４次元世界の現象の元となっているとした。
　次に、その「現象」と「元現象」を意識から見た時、それぞれに「事象」と「元事象」を対応させて定義する。「事象」は４次元世界に対応し、多世界宇宙には「元事象」が対応するとした。
　従って、４次元世界の「事象」は多世界宇宙の「元事象」の一部となるか、或いは異なるか、両方の場合がある。説明は可能な限り「事象」によってするが、「元事象」に付いては最後に触れたい。

宇宙の基本設計は既に根源的宇宙によって成されている。

　生命活動の主体である意識は、事象という人間的意味合いを基準として、量子化変数群に働きかけて「元現象」の部分設計を創り出していく。

　それを受けて［高次波動宇宙］の変数が決定し、そこから「未現象」が生まれてくる。

　「未現象」は再び量子化変数群の作用によって量子レベルの微細変数を決定し、その結果「元現象」を創り、それが集合して多世界宇宙を創っていく。

　［高次波動宇宙］が生命活動の基本設計図を創り、そこから創られた生命活動の場としての多世界宇宙が存在する。

　「元現象」と「元事象」、或いは「現象」と「事象」との関係は、被創物としての宇宙の二つの面である。被造物とは根源的宇宙から創られたことを意味する。つまり「元現象」と「現象」、及び「元事象」と「事象」は全て被造物である。

　４次元世界において、物質の世界と意識の世界と、どちらが本質かと言えば、宇宙の成立の過程から見て当然意識の世界が有っての物質世界なのだから、意識の世界が本質と言わざるを得ないことになる。これは第５章に詳しく述べることにする。

　つまり宇宙においては「現象」よりも「元現象」よりも、事象が優先なのだ。

　そして、全宇宙でいうならば、物質などほんの一部であるから、殆ど全ては事象を組合せた世界であり、この宇宙は事象をコントロールする意識が支配する世界なのだ。

　読者には、この事の持つ重要な意味に多少慣れて戴かなくてはならな

い。

　人間の意識が生み出す重大な錯覚に気付けば、世界の見え方が違ってくるのだ。

　そして、この意識の世界から見た出来事を「事象」と言うのだった。即ち、4次元世界では「事象」が「現象」を伴っていると考えるべきなのだ。

　4次元世界に於いて、「現象」と「事象」は同じモノを「見る角度」を変えて見ている事になる。或いは、同じモノをそれぞれの人が異なる人生体験から見ている事になる。

　そしてこの書の出だしに戻って、観察する側、観察される側とは、「現象」よりも「事象」の意味合いが強い。視点が違うだけであることが分かる。

　それはたとえば、観察する側を「したい側」、観察される側を「されたい側」、或いはそれぞれ「情報を送りたい側」と「情報を受けたい側」と表現すれば、それはまさしく「事象」である。そこに個人の好みや判断の機能が入ってくるからである。

　一方「現象」の関してだが、多世界宇宙に於いては「元現象」という6次元世界の現象であり、まだ個別の「現象」には分離していないだけだから、ここでは「元現象」と「元事象」とは、殆ど重なり合っていて、「元現象」の一断面が「現象」であると言える。

　これも又、「現象」とは「元現象」の視点を限定したに過ぎないのである。ただし、正確には「元現象」も複数段階が有るのだが、従って「元事象」にも複数段階有るのだが、ここでは敢えて事を複雑化しないために、単純化してこの二分類に留めている。

⬤ 覚醒した人間は未来と交流して生きる

　多世界宇宙では「元現象」と「元事象」であったが、４次元世界に切り出してみれば、それは「現象」と「事象」となるのだった。

　それは即ち、「物体の配列としての現象と、『生命活動』の意味をもつ事象」である。

　生命活動としてみれば、「事象」には人間の価値観が入ってくる。「事象」とは現象という共通項を持ちつつ、その「現象」に係わるそれぞれの人達の様々な「事象」という価値観が交差する世界なのだ。

　従って、６次元世界から４次元世界に切り出された、従来の狭い世界観では、未来から現在が影響を受けることを理解できない。これでは人間は常に未来に対して不安が消えず、中々安心して生きていけない。常に未来が不安であり、善悪二元論の中で、もがき苦しむことになる。

　そして何よりも、覚醒すれば、「事象」は常に６次元世界での解釈になる。

　覚醒すれば善悪二元論から脱皮し、６次元世界の中に世界を、そして自分自身を位置づけて時空を超えた世界観を次第に構築して、６次元世界の一部の４次元世界という理解に達して大きく世界観を変えて生きることを意味している。それは更に議論を重ねてから後述する。

　本書の主旨は、人生観を語るところまでは用意していないので、関心がある方は、拙著『未完成だった般若心経』（献文舎）等を参考にされたい。

　４次元世界での「現象」の発生は元現象の世界に次第に準備されてきていて、物理的条件が準備され、量子化変数群条件が揃ったところで一気に量子化する。即ち現象化してくることになる。

　これらは物理的現象のように思えるかもしれないが、この「現象」に関係した人の「事象」に於いては利害が絡んでいて、極めて人間的なことのだ。だからこそ、意識から生み出される「事象」でこの世界を見る限り、一人一人の世界はそれぞれ大きく異なっているのだ。そして、この違いを探求し、追求し、追及する事で生命活動は進展して、やがて宇宙の「理念」が表現された世界に到達できるのだ。それが生命活動の本質である。

　そして「事象」は［高次波動宇宙］の「理念」と「方針」に沿う「事象」だけが次第に選択されていく。つまり「事象」が作る宇宙は最初は相対的である。嘘さえも最初は「事象」として扱われる。しかし、やがてフラクタル共鳴に成長するのは、［高次波動宇宙］の「理念」と「方針」に沿う「事象」の方なのである。つまり当然の如く、嘘はフラクタル共鳴せずに、反共鳴領域を作るために、自動削除され、消滅していく。どんなに上手に嘘をついても、世界中を騙したとしても、その嘘はいずれ白日の下にさらされて、必ず崩壊する。それが一元論の解釈である。生命活動は一元論の大原理の中で営まれている。だから安心なのだ。

【巻頭図15】

　次章で詳しく述べるつもりだが、宇宙の「理念」と「方針」は宇宙の基本設計図であり、意識が［高次波動宇宙］に係わって量子化変数群をコントロールして、「事象」の元となる「未事象」を創ると言って良い。言い換えれば、「未現象」は「未事象」と同じ意味であり、意識が係わって「未事象」を創り出しているとも言える。ここは基本的に論理構築の語彙の定義の問題である。先に進もう。

　やっとこの書の終盤で、「現象」と「事象」を区別し、「事象」が位置づけられたので、意識の係わる世界を何とか説明できそうになったので、著者としては一息ついている。

ここまでを理解できれば、次元境界領域で生じる様々な「現象」と「元現象」、及び「事象」と「元事象」が何となく見えてくるだろう。

　ここまでの理解からは、現代物理学の中のいくつかの矛盾のみならずUFOのことも説明ができてしまう。

　5次元世界の次元境界領域に入りさえすれば、準光速で何万光年を旅しなくても、既に説明した追加時間軸(u, p)と追加空間軸(w)に係わることで、あの「量子もつれ」の原理で、「一瞬で4次元世界の何処にでも行くことができる」と説明できてしまうのだ。

[巻頭図10] [巻頭図11]

　しかも、あのUFOの不自然な飛び方を見ていると、私は「やっぱりそうなのか」と納得してしまう。「UFOが切り取った4次元面と地球上の4次元面とにズレがあるからだ」と言える。

　即ち、「4次元世界と5次元世界の重なる所に不均一面が生じているため、その境界近くを飛行する時に揺れたり、消えたり、現れたりと、不規則な動きに見えるのだ」と直感的に感じて、私は勝手に納得している。

　納得することが実はもう一つある。動画で捉えられたUFOはこれまで沢山見る機会があったが、その中には動画の1フレームにしか映っていないことが時々あることに気付いた。コマ送りにして初めて、その中の1フレームにだけ映っている事を確認できて、私を「やっぱりそうか」と唸（うな）らせた。

　先ず、UFOが我々の世界を訪れるには、時間と空間を我々の世界の4軸(x, y, z, t)に合わせることで実現しているのだと、私は理解している。

　そして一般に、UFOが6次元空間内を、或いは5次元空間内を任意の方向に移動するとき、必ず統合時間平面(u, p)面を移動することになる。そして私達の4次元世界の時間軸(t)も、同じ(u, p)面内に存在している。

　そのために、UFOが我々の世界の近くを移動するときには、その移動の時間軸を**【巻頭図9】**に示した任意時間軸(q)の様に、我々の世界の時間軸(t)をしばしば横切ってしまうのだ。

　その時に、時間軸が一致したタイミングで、動画の1フレームにだけ映り込んでしまうのだろう。つまり、UFOの「時間の矢」と我々の世界の「時間の矢」が交差する瞬間があるということになる。

　これらのことからも、私はますます6次元世界と次元境界領域の5次元世界の存在を知り、「多世界宇宙・発生論」の妥当性を確信しているのだ。

第5章

宇宙の設計思想

宇宙の生命活動と循環

　初めに宇宙意識があった。

　宇宙意識は［高次波動宇宙］と同様に根源的宇宙そのものである。

　順番としては先ず最初に宇宙意識が存在し、宇宙意識を多くの意識に分身して、宇宙創造と同時に生命活動を展開する。更に、その環境を創り整えるために、先ず［高次波動宇宙］という「環境」を生み出し、次に［高次波動宇宙］は生命活動の「場」を生み出した。

　言い換えてみよう。先ず宇宙意識がその理念を具現化しようとして、最初に具体的に表現しようとして準備したモノが［高次波動宇宙］である。そこに表現されたモノは高次の波動方程式である。ここまでで、理念が方針として具現化されたのだ。そしていよいよ、その方針をさらに具体化するために、意識の作用として、意識による精神エネルギーによって生命活動の「場」としての６次元世界を生み出したのだ。そして今も進行形として６次元世界を生み出しつつあるのだ。私たちはその一部の４次元世界に住んでいて、生命活動を継続しているのだ。

　語彙が足りないために、このような表現しか出来ないのであるが、これは未だ時間も空間も存在しない、根源的宇宙とその周辺の出来事であ

る。未だ時間も空間も存在しないが、その元となる意味は厳然として存在しているから、このように表現しても間違いでは無いのである。それを知って読み進んで戴きたい。

　語彙が足りないことを承知で話を続ける。
　宇宙意識には、自らが全存在としての生命を自覚し、その生命が動くとき、生命活動が生まれ、その理念を表現した。つまり、はじめに理念が存在し、次に理念が表現され、それが生命活動となった。はじめに理念を［高次波動宇宙］として表現し、ここに全ての可能性を表した。
　生命活動とは、宇宙意識が自ら用意した環境に入って行って、調和した理想の世界を創り上げ、そこで宇宙意識が自らの姿を客観的に観察するために展開していることを言う。

　何か不思議な気がするが、ここまで何度も話してきたように、観察する側と観察される側に分かれて生命活動を展開するのである。

　意識にとって、元々一つのものが一旦二つに分かれて、互いに観察し合って生命活動を展開し、いずれ又一つに戻っていくという循環の過程は意識の本質的な活動である。
　つまり、宇宙意識は再び一つになるために自らを観察する側と観察される側に一旦分離したことになる。

　［高次波動宇宙］は宇宙意識から生まれた根源的宇宙である。根源的宇宙は本質的存在であるから、これを『実在』と言う。さらに、この『実在』に対して、そこから創造されたものを「非実在」と言う。
　今後しばしば、宇宙の構造を『実在』と「非実在」として、対比して表現する。
　宇宙意識は自らの意思の展開の場として、即ち自らの「理念」を表現する場として、［高次波動宇宙］を生み出し、［高次波動宇宙］の全ての

階層に多数の量子化変数群を用意した。そしてそれを宇宙意識がコントロールすることで時間を作り、空間を作り、多世界宇宙という被造物の世界、即ち「非実在」の世界を創造していった。

　つまりこの時、被造物である多世界宇宙が発生したのだ。『実在』から「非実在」が生まれたのだ。この『実在』から「非実在」が生成された時に、宇宙は大きく生命活動を展開し始めたのである。

　量子化変数群は意識である『実在』と、被造物である「非実在」との間の関係に割り込む形で係わった。『実在』と「非実在」の間に位置して、互いにフラクタル結合するために、そして情報を共有するために量子化変数群は存在した。意味の翻訳装置、次元変換装置、或いは情報変換装置とでも言えるだろう。

　つまり、『実在』と「非実在」を結合するために、沢山の量子化変数群が用意された。量子化変数群は意識の係わりによって活動し、「非実在」の世界を創っていく。

　一方、宇宙意識は細胞分裂の如く、自らを複数の段階意識に分離し、最終的に個別意識にまで分離させた。正確には分離複製させた。
　各階層の意識が量子化変数群をコントロールすることで、「非実在」の世界に進出し、多世界宇宙を創造し、その中で生命活動は大きく「展開」した。

　［高次波動宇宙］の全体は複数の次元の秩序であるが、［高次波動宇宙］の階層ごとにも秩序を創っていて、それに大まかに対応して段階意識が存在し、その各秩序を各領域でコントロールするのが、各多層構造の秩序の管理者としての各段階意識である。それは多世界宇宙の創造者である。

　［高次波動宇宙］による多世界宇宙への「展開」にとって、量子化変数群を決定する各階層の意識の作用が絶対的であり、意識を排除しては量子化変数群は何も決定し得ない。

　各段階意識と個別意識は自らが担当する量子化変数群を決定することで、宇宙の生命活動を「展開」させる。

　『実在』に分類した宇宙意識と［高次波動宇宙］は宇宙が生命活動を展開する直前の状態であり、次の活動を決定する「理念」と「方針」だけが存在している段階である。そして宇宙はこの『実在』に分類した個別意識を生み出す前の、宇宙意識と［高次波動宇宙］だけで存在し得るのだ。

　即ち宇宙とは、『実在』としての宇宙の宇宙意識と［高次波動宇宙］と、宇宙意識から分かれた各段階意識と個別意識である。多世界宇宙は意識の作用で［高次波動宇宙］から生み出されるが、それは「非実在」である。

　そして、始めの始めには宇宙意識だけが存在していた。

　ここで、創造主が何かと言えば、それは宇宙意識のことである。ただし、宇宙意識が全ての全てであるから、何かが有って、その中心に創造主がいるわけではない。

　さらには宇宙意識が自らを分離して直接生み出した［高次波動宇宙］と各段階意識と個別意識をも含めて根源的宇宙と言うことができる。そこまでを『実在』と言う。

　以下宇宙の基本構成については『実在』の語句を用いる。『実在』と「非実在」との分類は今後の展開に極めて重要である。語彙が出そろったところで、更に詳細を述べたいと思う。

　意識は物理現象では無いから次元数で表すことは出来ない。以後、意識は階層で表現することにする。

次に多世界宇宙は被造物であることから、巨視的な物理学の延長であるとして既に６次元の次元数で扱ってきた。

　一方、［高次波動宇宙］は一般の物理的現象ではないが、量子力学的な作用の延長として扱うことが出来そうなので多世界宇宙の次元数に対応して、これも次元数で表現しようと思う。

◉ 多世界宇宙・発生論

　重要なので何度も繰り返すが、宇宙には『実在』と「非実在」の区別があり、多世界宇宙を『実在』からは除外していることが重要である。それは多世界宇宙は「非実在」だから絶対普遍の存在ではないことを意味している。

　後に比較のために示す般若心経では、全宇宙から「非実在」の多世界宇宙を除外したところに『実在』がある、とするのである。その時、［高次波動宇宙］は宇宙意識と同じモノとして切り離せない。

　宇宙の最も根源には『実在』としての宇宙意識と［高次波動宇宙］があり、全てはこの宇宙意識から始まったのだが、［高次波動宇宙］と共に存在したと言うこともできる。即ち、最初にこの『実在』だけが存在した。

　宇宙意識によって明確な「理念」が成立し、それが「方針」に沿って動き出した。
　この段階では「非実在」としての多世界宇宙はまだ存在していない。
　宇宙意識の活動により［高次波動宇宙］が生まれると、対応するように宇宙意識の分離が始まり、生命活動が「展開」するにつれ段階意識が発生し、同時に［高次波動宇宙］の各階層との係わりの中で、生命活動

の場としての「非実在」である多世界宇宙が発生していくのだ。

　繰り返すことになるが、多世界宇宙は『実在』から生まれた「非実在」であるのだ。

　段階意識、個別意識は宇宙意識と同じ存在なので、結局はここまでを『実在』に分類することになる。

　宇宙意識は元より、段階意識も個別意識も大きさはないし、形もないし、重さもない。意識の作用は物理法則ではないから、物理量では表すことはできない。従って現象ではないモノに次元数は無い。ただし、確かに次元数は無いが、[高次波動宇宙]の次元数に対応するように段階意識は存在している。

　ここで、段階意識の最下層は、我々の住む４次元世界における意識、つまり個別意識である。

　我々人類にとっては、この個別意識の属する場が生命活動の開拓地であるから、当然そこがもっとも重要であるが、大きな宇宙的視野で見るならば、必ずしもそうとは言えないようだ。

　即ち、地球人類だけが人類ではなく、確かに宇宙人という他の人類も存在していて、生命活動の場の中心が、縦に結合する段階意識の中の或る一つの段階意識が主たる生命活動の場である場合もある。

　人類が今後、宇宙人との関係を模索する場合には、そのような視野と視点で対応する必要があるのだ。

　さらには、我々人類も、この地球上での生命活動を終えて次の生命活動に移るときには各段階意識の中のどこかに移動することになる。実際地球人類は、そのような移行が既になされつつあるのだ。

　それは、どこからか命令されるわけではなく、フラクタル共鳴状態の

中で宇宙意識に一体化した中で、しかも自らの意志でそれを望む形でなされるのだ。

　ここまで書いてきて、宇宙意識や意識構造を表現するための語彙が、まだまだ足りていないことに絶望的にならざるを得ない。
　恐らく読者は、宇宙意識と聞いても漠然とした光の塊のようなイメージしか持てないのではないかと思うが、宇宙意識は自らの世界を展開していく過程の中で、様々な体験を通して宇宙を創造し、生命活動の場を拡張しているのだ。
　宇宙意識の意思こそが、全てのすべての始まりであり、宇宙創造の根源であることをしっかりと心の中心に置いて欲しい。
　そのような宇宙意識をどこか遠い存在として見るのではなく、自らの存在の根源が宇宙意識であることを心に置いて、以下を読んで頂きたい。

　著者は、意識を宇宙意識、各段階意識、個別意識と大別したが、これらの意識は、繰り返し言うようにフラクタル共鳴の関係にあり、様々な状態を同時に取りつつ、その状態の幅の範囲で振動しつつ、存在している。
　言い換えれば、意識は理念を共有する秩序である。宇宙を創造しつつある秩序である。創造しつつあるとは、「しつつある」事に意味があり、完成形にだけ意味があるのではない。
　宇宙意識を原意識として、宇宙の秩序の原形にして、最も完璧な秩序の姿を、もう少し見てみよう。

　そこでだが、私は既に意識の問題を物理学から切り離して、既に詳しく扱ってきている。
　拙著「暗号は解読された般若心経」と「未完成だった般若心経」から、その中で使用した語彙をいくつか借りてきて、さらに意味を深めていこうと思う。

宇宙意識と［高次波動宇宙］の性質を、般若心経では「不生不滅・不垢不浄・不欠不満」と表現している。

つまり、不生不滅とは時間の超越性と完全性を意味していて、初めから存在し続けている存在であるから「今更、生まれることも、滅することもない」のである。

次に、不垢不浄とは絶対性を意味し、「全宇宙は一つの意識に統一されていて、一つの理念で運行している」のである。

そして、不欠不満とは普遍性を意味し、「宇宙を支配する意識による一つの理念の表現は多様性の中に表現され、異なる表現形式が互いに支え合い、助け合って、宇宙というシステムを構成している」のである。

これに関しては、拙著「未完成だった般若心経（献文舎）」に詳しく書いたのだが、解が唯一であるならば、物理学から追求した世界観と、意識から追求した世界観が一致するのは当然であろう。

人間の疑似意識とフラクタル結合

人間の肉体は意識の容れ物であり、意識を受け入れるためには意識の構造に対応した肉体側の構造が対になって存在している。それをフラクタル結合によるフラクタル構造と言うのだった。

本書では、語句の混乱を避けるために宇宙意識由来の意識を個別意識と呼称し、個別意識を容れる肉体側の容れ物は疑似意識と呼称している。

この二種の呼称を用いた理由は、個別意識は宇宙意識由来であり『実在』であるが、肉体側の疑似意識は「非実在」であることを明確にしたいからである。

肉体の疑似意識は意識に似せてフラクタル構造に創ってあるが、それでもそれは意識そのものではない。つまり『実在』ではない。肉体にまつわる意識に似たこの疑似意識は、個別意識とフラクタル共鳴すること

で、その機能をフルに発揮できる。

　肉体の疑似意識は進化の段階にあり、今後は個別意識と肉体の疑似意識がより進化したフラクタル構造を作ることが進化の目標である。

　個別意識と疑似意識の関係を示すために、現代には極めて優れた比喩が存在する。

　これは即ち、疑似意識とは自動運転車両に積載したAI機能（人工知能）と似たようなモノであり、AI機能という人間の知能に似せた人工知能が疑似意識に対応している。

　つまり、疑似意識（人工知能としてのAI機能）が作動する装置を、個別意識（運転者）がコントロールすることになる。ここでのAI機能（人工知能）は意識にどこか似せてはあるが、決して意識そのものではなく、運転者でもない。

　実は、著者も仕事として係わっている自動運転の車両を比喩として、もう少し説明しておこう。

　自動運転の進化の度合いを表示するレベル３の車両では、人間が係わって、最終的に人間の判断で人間がコントロールしている。個別意識は運転者に対応し、AI機能（人工知能）が肉体の疑似意識に対応する。肉体に対応する車両はスポーツカーもあれば、ダンプカーもある。

　疑似意識は不完全であり、レベル３程度のAI機能とみれば良い。レベル３とは、一定の条件下ではハンドルを離してもよいが、いつでも運転に戻れる準備をしている、という程度の自動運転機能である。そして、この運転者とAI機能を持つ車両との関係もフラクタル構造なのであり、より優れたフラクタル結合を求めて進化していると言えるのだ。

　AI機能（人工知能）による自動運転とは道路走行という、かなりの限定条件付きである。道路以外では走れないのだ。しかも道路上の既知の設備と交通事情に合わせて設計されている。つまり、かなりの条件付

きで設計されている。AIはどこまで進化しても機械は機械なので、常に何処でも正しい判断をする保証は一切無いのだ。

　そしてもちろん、この機械の性能を向上させる進化は重要なことであり、常になされているのだ。

　このようにしてレベル３の自動運転ではAIが不完全であっても、緊急時には直接人間の判断によって車両をより安全に、目的に合わせて動かすことが出来るのだ。

　車両を運転するとき、疑似意識は最初に自分なりに作った車両のイメージを実際の物理的車両に重ね合わせて疑似意識と車両を認識している。このイメージは疑似意識による ［C・abcdx］ によるフラクタル結合の一部である。

　このイメージは疑似意識内で創られ、多層構造化しているフラクタル結合体であり、当然のごとく、車両そのものではない。従ってイメージは実体ではなく、［C・abcdx］ のプロセスの中で作られたものである。

　そして疑似意識も、自分のイメージしている自分の肉体でさえ肉体そのものではない。それはイメージという精神エネルギが生み出す認識結果であり、疑似意識と一体化したイメージ、即ち「フラクタル結合体」の一部なのだ。

　だから、死によって肉体が消失することで、フラクタル結合は解消され、個別意識は次の段階意識の段階に移行するが、このイメージはエネルギー体として暫く残る。しかしそれは「非実在」であるから、一部は人類の遺産として残して、他はやがて消えていくのである。このイメージは意識と肉体の疑似意識を繋ぐマッチング装置であり、フラクタル結合体を作っていた認識イメージであり、もちろん意識そのものではない。

　この書で、意識と疑似意識に関して述べるときには、ここに示したようなフラクタル結合の存在が前提としてあるのだ。

　一般化して言えば、「系の異なる、或いは次元の異なる間を結合する

には、このように情報変換装置として互いにフラクタル結合するための、エネルギー変換システムを創っている」という事実を、先ずは知識としてだけでも知っていると良い。

　比喩から離れて表現すれば、意識は宇宙意識として多世界宇宙の発生以前から存在しているが、一方、肉体に依存した判断や思考の部分は、前記AIのように肉体の疑似意識として多世界宇宙の発生の後から、切り出した４次元世界を最も適切に、目的に合うように効率よく対応するように設計されて作られている。

　多世界宇宙から４次元世界を切り出したときには、個別意識と疑似意識が総合的に働き、４次元世界に対応して反応を示す。
　有り難いことに、切り取られた４次元世界にも拘わらず、個別意識は量子化変数群を介して、[高次波動宇宙]にも係わっていて、極小構造を決定する機能もそのままである。

　それでも個別意識は疑似意識の影響で、行動様式としては「現在しか存在しない」と錯覚している。疑似意識に取り込まれてしまった意識は、肉体の機能として必要な、現在という一点しか理解しようとしない。
　しかも、人間は肉体の疑似意識の機能に強い影響を受けていて、疑似意識の判断をそのまま実在の如く理解してしまうので、我々はそのAIの理解を一旦破棄しなければ、「現在」を超えた宇宙の真実の姿は見えてこない。

　ところで、著者は「個別意識が人間の本質で有り、肉体側の疑似意識は、人間の本質では無い」と主張している。そこでだが、宇宙を研究する人々の中には「肉体側の疑似意識こそ人間の本質だ」と主張する人が出てくるかも知れない。
　ここで重要なことは、もしその考え方を継続すれば、いつまで経って

も著者が示した世界観に到達することができない。当然、この選択を撤回することはいつでも可能である。

　読者諸君は、著者の主張をここまでで十分理解してくれたと思うが、ここでの認識の違いは今後の人間の生命活動にとって重大な分岐点になる。

　この書は当然、著者の主張を選択して、人間の本質を個別意識として議論を進める。

　それ故に、著者の主張に沿って人間の本質としての意識を追求するためには、意識の立場から疑似意識の判断を一旦切り分けなければならない。つまり、肉体にまつわる疑似意識を離れるための訓練（修行）が必要なのだ。そしてそれは出来るのだ。

　それはつまり、フラクタル結合部分で不整合を生じている部分を見極めて、一旦切り分ける修行なのである。その修行は、フラクタル結合する意識の作用にフィードバックをかけることに他ならない。

　一方で、この紛らわしい疑似意識を進化させることも生命活動の一部なのだ。人類の進化と言うときには肉体自身の進化と同じように、疑似意識の進化も当然含まれる。疑似意識は当然個別意識とのフラクタル結合を求めて進化するのである。

　そして、個別意識から見れば、それはいわゆる「魂」として、しばしば肉体に入り、疑似意識とフラクタル結合するのである。

　そして特に地球人類の場合は、開拓現場はこの４次元世界なので、そこでの疑似意識の活動の自由がかなり優先されている。それ故に、開拓は進むが矛盾も多く発生してしまう。

　だからこそ、そこに直近の段階意識からのフィードバックが係り、修正されていく。それを人間的に言えば「導き」として、手が差し伸べられるのだ。

　これは宇宙というシステムのフィードバックなのである。この事は重

要なので、後にシステムとフィードバックを正しく定義してから再度述べることにする。

　そして常に忘れてはいけないことは、肉体の疑似意識の判断や思考の部分はあまりに見事に環境に適合するように作られているので、我々は４次元世界を実在の如く錯覚してしまう。
　しかしそれであっても、機械は何処まで行っても機械なのであり、宇宙に係わる価値観や未来に対して重要な判断をするときには、この視点を見失うと肝心な場面で人間というシステムを破綻させかねないのだ。

　従って、この肉体にまつわる優れた機械（AI）に似た大脳の機能を明確に疑似意識と自覚して、ここで定義した個別意識とは分けて考えなければならない。
　肉体側の疑似意識は、何処まで進化しても決して個別意識ではない。原理的に個別意識のコントロールがなければ、疑似意識単独では宇宙に共鳴する普遍的なフラクタル共鳴状態にはならない。そして進化の究極に於いては、個別意識と疑似意識は共鳴することで優れたフラクタル共鳴体となり得るのである。

　つまり、我々の日常での判断には、個別意識の中に疑似意識の判断が区別されずに混じっていることを自覚していることだ。これらの判断が個別意識単独によるものと誤解しないように、或いは疑似意識そのものと誤解しないように、それらを正しく区別できないまでも、両方が混在していることを知識でも知りながら生きていかなければならない。

　個別意識は肉体の生と死を繰り返すことで何度か肉体を持つが、いずれ肉体には戻らなくなり宇宙意識に向かって帰還していく。個別意識にとって、いっとき肉体に宿ったという経験は、その後の他の個別意識の指導に、そして宇宙の生命活動の進展に大いに役に立つ。さらには地上

で生きた経験を表現の道具として、さらには多世界宇宙での環境を創る部品として、思うままに「事象」を表現しながら、多世界宇宙の中の段階意識の中に固有の世界を創り、それが多世界宇宙の一部となるのだ。

そして一方の疑似意識は「場」から進化した疑似意識として進化し、個別意識とのフラクタル結合をさらに進化させていく。現実の物理空間と、変化する環境に適応するように肉体を進化させ、自己を保存し、種を守り、或いは種を改良し、他の４次元世界や高次元の多世界宇宙で生きていけるようになるまで進化するのだ。

観察する、観察されるとは何か

重要なこととして、意識とは、それはいかなる意識であっても、それは宇宙意識だけではなく、段階意識も個別意識も必要に応じて臨機応変に、観察する側と観察される側の両方の立場に分離し、どちらの立場も体験して、やがて再び一つに戻るのだった。

ここは重要部分だが、読者としては直ぐにはピンとこないだろう。ここは疑問を持ったままで良いから、先ずはこの事を記憶に留めておいて欲しい。

そして意識を複数の種類に分類したのは、これも働きによっての分類であり、本来分離したモノではなく、フラクタル共鳴の中では原理的に一つに統合されているものである。

比喩としては人体の細胞に対応する。即ち、人体を構成する個々の細胞は元々は一つの受精細胞から分割分離して発生したのであり、それぞれ働きによって分かれただけであり、本来同じ細胞であり、別物ではない。

特に個別意識は、宇宙意識から最も遠い４次元世界で活動するので、しかも、肉体にまつわる疑似意識の自己保存の作用に振り回されがちであり、宇宙意識、段階意識からの制御を受けながら活動することになる。ここで「制御」とは「指導」という意味になる。

　しかしながら、意識の自由性から、自らそれを強く求めなければ、制御は弱くなる。そして自ら強く望んで強いフラクタル共鳴の中に入れば、強い制御を受けられることになるのだ。ただし、現実問題としては、全ての階層にくまなく強いフラクタル共鳴を求める必要は無い。

　複数段階に分かれている段階意識の最下層の、身近な段階意識に集中してフラクタル共鳴を求めれば良いのである。
　後はその繋がった段階意識が、個別意識に必要と判断すれば、上位の階層の意識階層に繋いでくれる。それをこちらで考えてフラクタル共鳴を求めるような、そんな作為的なことは必要ない。委ねていれば良いのである。出来るかどうかを心配する必要は無い。「意識は思い通りの世界を創る力と能力を持っている」ことを忘れてはならない。一番の障害は、疑似意識がそれを否定することである。その時は否定を見つけ出して、それを否定すれば良いのである。

　本書は宇宙像に重点を置いて、その構造を重点的に記述したが、人間と宇宙の関係、及び意識の作用については、拙著「未完成だった般若心経」に詳しく書いたので参考にして欲しい。

　基本的に個別意識は、宇宙意識と段階意識に常に結合することで、フラクタル共鳴の中で広い範囲の量子化変数群をコントロールすることで、強いフラクタル共鳴状態にある「事象」を創り出すことが出来るのだ。それは宇宙の生命活動にとって極めて有意義である。
　宇宙意識と段階意識を無視すれば、それでも制御が途切れることは無

く、生命を保つために必要な分の制御は受けられる。自らの意志で段階意識に方向を取って、フラクタル共鳴を求めることが重要なことなのだ。

　宇宙意識以外は宇宙意識の意識共鳴体であり、与えられた役割に沿って生命活動を営むのである。

　その時には上位の意識を監視役として、或いは自分自身の中に監視役を置いて、その監視役の下に活動するようにする。そのために、一つの個別意識の中に<u>観察する側</u>と<u>観察される側</u>の両方の立場を体験しつつ、自らの活動を宇宙のフラクタル共鳴に合わせるように宇宙の創造活動を展開していくのである。

　これから始めようとしている、否、今始まった宇宙の創造活動とは、積極的に創る側と、フィードバックのために活動を監視して方向を修正する監視役となる側の、両方の働きによって生命活動を展開することである。これが宇宙の創造活動である。

　しかし、常に宇宙意識と［高次波動宇宙］は『実在』であり、「不生不滅」であることを忘れてはならない。

　それぞれは、元々の「宇宙意識」の複製によって生み出したモノであり、フラクタル共鳴状態にあり、働きを分けた違いが有るだけであり、別物では無い。

　あたかも、人間の肉体の個々の細胞は部分の働きに徹しているが、1個の細胞は、他の部分の細胞と同じ遺伝子配列を持ち、肉体全体の何処の細胞とも同種であり、決して別物ではなく、個の細胞は常に全体の細胞にフラクタル共鳴状態にある、というようなモノである。

　ついでに言えば、この細胞の「個と全体との関係」がフラクタル構造であり、それはそのまま人類のフラクタル構造に共鳴している。

　さらに発展させれば、この細胞の「個と全体との関係」は宇宙のフラ

クタル構造に共鳴していて、そして個別の意識は全体の意識とフラクタル構造に成っていて、最終的に宇宙意識とフラクタル共鳴している、と言えるのだ。

　宇宙意識が［高次波動宇宙］を生み出したが故に［高次波動宇宙］は宇宙意識と同じ意識を持つ。それは量子化意識と呼称しても良いが、この書では宇宙意識と一体という意味で、宇宙意識そのものとして扱う。
　［高次波動宇宙］は量子化変数群と係わり、個別意識とも係わってくる。個別意識が［高次波動宇宙］の宇宙意識との交流によって、フラクタル共鳴の中で量子化変数群は決められていく。

　意識は多層構造であり、宇宙意識がすべてを包含する形で存在するが、個別意識はいくつかの量子化変数群に係わるように多層構造の中の一部に位置づけられていて、フラクタル共鳴状態にある。

　ただし個別意識は働きとしては一部であるが、それは働きであって、その存在はフラクタル共鳴状態に成ることで宇宙意識そのものに帰還することができるのである。

システムとしての宇宙

　生命活動とはまさに宇宙のシステムそのものであり、システムとは、一方向の流れだけではなく、フィードバックという反対方向の流れとして、システム全体を制御しつつ最終目的に向かって発展していくもの、と言うことが出来る。
　このシステムの思想は我々も知るように、我々が作るシステムにも採用されており、正方向の流れに対して反対方向に制御が掛かるシステムとして採用され、それはフィードバックシステムとして我々のよく知るところである。

　ただし、我々の知る４次元世界のシステムに於いてのフィードバックシステムとは、システムの出力から誤差を検出して、それを入力側に還元することでシステムを安定させようとするモノである。

　これが我々が住む４次元世界におけるシステムとフィードバックであるが、私なりに定義を拡張し、以下に高次元でも通用するフィードバック論に発展させておくことにする。

　システムにとって必須では無いが、フィードバックを持つシステムは安定するので、目的に向かって常に制御され、系が破綻しない限りいずれ目的に到達することができる。

　言葉が出揃ったので、さらに宇宙の創造活動と意識の生命活動によるフィードバックシステムとしての関係を規定してみよう。

　その前にまず第一にシステムの定義だが、「システムとは目的を持って作動している機構である」。目的を持っていなければシステムとは言えない。

　さらに、そのシステムに目的を与えているのが意識である。そして意識とは意思を持つ存在である。その意思が、システムを動かしているのだ。

　ひとことで言えば「意思」なのだが、これを数学的に取り扱い、表現しようとすると、その途端に戸惑うのだ。我々の蓄積してきた数理論理学の世界には、意識を表現する様な手段が無いことに気がつく。

　数理論理学とは、数式は単なる約束事の集合なのだが、「意思」をどのように扱うか、ここで立ち止まって考えてみたい。

　その定義から、４次元以上の次元に関してもシステムは定義できる。多世界宇宙や［高次波動宇宙］にも対応させることが出来るのだ。

　そうすると、宇宙は４次元以上の多次元宇宙に於いて、生命活動を目的として作動している機構である。その目的を与えているのが意識であ

る。

　そして人間も同じ目的を持つシステムの一部の側であり、同時に目的を与えている側であり、常に全体と部分のバランスをとりながら、双方向に情報を発信し、受信し、その上でかなりの自由性を与えられているシステムである。

　システムの観点から、もう少し説明してみよう。
　システムを安定させるためのフィードバックは、４次元以上の多次元宇宙でも成立しているモノとする。そうすれば、宇宙は、そして人間は４次元以上の多世界宇宙でも、［高次波動宇宙］でも、フィードバックシステムとして扱うことが出来るのだ。

　そこで、「人間とは宇宙意識にフラクタル共鳴しながら、自由意志で生命活動を目的として作動しているシステムである」、ということになる。これが宇宙と人間の関係であり、人間が生きる目的も、ここに求めることが出来るのだ。

　この作用が宇宙というシステムの個々の部分にまで行き渡り、全体として矛盾無く作動している状態を、フラクタル共鳴と言う。
　人間はこの生命活動の一部であるが、フラクタル共鳴状態になり宇宙意識に一体化していれば人間は生命活動の全体でもあるのだ。そして生命活動から切り離した宇宙というものは存在しないし、生命活動は宇宙の姿そのものであるのだ。

　ここで、ここまで気にしてきたことを解決しておきたい。
　宇宙というシステムは、全体が常にフラクタル共鳴にあるのだった。そして、全体を構成している部分も全体に一致するフラクタル共鳴にある。
　それをフィードバックシステムとして説明すれば、全体がフィード

バックシステムを構成している。そして、全体の中にある部分もその内部だけのフィードバックシステムを持ち、さらに部分を含む全体が常に部分に対しても適切なフィードバックをかけることで、システムは部分も全体も安定しているのだった。

しかし、意識の自由意志が疑似意識等に攪乱されて、否、一つの体験としてシステムが破綻の方向に向かうことがある。それは部分のシステムがフィードバックから逸脱したことを意味していて、部分のシステムは破綻してしまうことさえある。

この時、システムは破綻することで一回り大きなフィードバックが係り、全体システムを守っているのだ。

ところで、たとえシステムが破綻しても、それでも全体のフラクタル共鳴は正しく保たれ、フィードバックシステムは正常に動作していたことになるのだ。

つまり、それが全体にしろ部分にしろ、システム破綻をなるべく避けたいのは当然だから、システムが破綻の方向に移行している時、或いは移行を始めたとき、・・・つまりシステムが破綻する前に強いフィードバックが掛かるのだ。このようなシステムを正常化させようとする緊急事態もフラクタル共鳴の強い作用である。

◉［高次波動宇宙］と意識

ここまでの「展開」の語句は本来は時間軸によらない概念であり、それに対して「進化」の語句は時間軸に沿った概念として使い分けてきた。

宇宙意識が意思を持って［高次波動宇宙］の量子化変数群を決定していくにつれて多世界宇宙が生まれていくのだった。

宇宙意識と［高次波動宇宙］は宇宙に遍満している基本原理であり、『実在』であるから、般若心経でいうところの「不生不滅」であり、根

源的宇宙そのものである。

　そして、その量子化変数群を自由に設定し、決定していくのが「意識」であり、さらに「意識」は一度決定した或る種の量子化変数群をさらに変更することも自由である。
　量子化変数群は多世界宇宙にも意識にも、［高次波動宇宙］にも直接係わって宇宙を創造している。特に量子化変数群の特徴は、『実在』と『実在』、及び『実在』と「非実在」、さらに「非実在」と「非実在」との全てに係わっていて、両者の関係を制御し、宇宙の創造活動に直接係わっている事が特に重要な観点である。

　前述の通り、［高次波動宇宙］から多世界宇宙を創るのだが、宇宙意識が意思を持って同じ設計思想で創るのだから、意識にとって最も都合良く創ることができる。最も理念に適合するように創るのだ。直接創るよりも、一旦量子化変数群をかませて、設計図を起こして、それに沿って量子化変数群を変化させることで、どのようなバリエーションにも対応し、しかも一貫した方針の下に宇宙を創造していく。
　宇宙意識は、人間が持つ意識と本質的に同じであるから、人間が考えられる限りの理想をそこに表現できるのだ。そのようにして宇宙の生命活動は「展開」していく。

　　さて、ここまで議論した結果を論理式に纏めておく。
　　準備作業として、ここで議論を単純化するために、p＝n＝6として表記する。
　　【巻頭図19】を参照しつつ、説明を続ける。
　　宇宙意識は、はじめから時間空間を超越して、世界を超越して存在しているから『実在』である。宇宙意識（ω）は『精神作用』を持ち、『観察・被観察・認識判断・意志による行動・その他』の作用を持つのだった。

　観察とは、観察する側に立つことであり、当然観察される側に立つこともある。

　宇宙意識(ω)が、[高次波動宇宙]（Ψ）に別れ、量子化変数群(ΣGx)に作用して、創り出した多世界宇宙をΓと表記する。

　$\Gamma = \Sigma_m \Gamma(\omega \cdot \Psi)$　と表記すれば、その意味は、[高次波動宇宙]（Ψ）に宇宙意識が(ω)が係わって、m番目の多世界宇宙が発生し、そのトータルが$\Sigma \Gamma_m$であることを示す。多世界宇宙は複数発生するからΣが付くことになる。Σはトータルを意味する。

　m番目の多世界宇宙は[高次波動宇宙]を構成する高次波動方程式(Ψ)に、宇宙意識(ω)の『精神作用』CEneが係わって、新たに生まれた多世界宇宙Γ_mである。

　繰り返しになるが、沢山ある多世界宇宙（Γ_1、Γ_2、Γ_3、・・Γ_m・・）の中の、m番目の多世界宇宙Γ_mは、宇宙意識(ω)の精神作用が、[Ψ]に係わって生まれたm番目の多世界宇宙であることを表す。

　多世界宇宙は一つだけ存在するのではなく、沢山存在し、そのm番目の多世界宇宙が私たちの住む多世界宇宙である。複数有る多世界宇宙Γ_mとΓ_sは、生成された時点では独立しているが、フラクタル結合すれば、その結合部分で結合され、連結された多世界宇宙Γ_{m+s}となると考えられる。

　さて宇宙意識(ω)と各段階意識(ωk)と個別意識(ωq)の「意識」のトータルを$\Sigma(\omega)$と表現すれば、$\Omega = \Sigma(\omega)$　と表記できる。疑似意識を含む全ての意識の全種類のトータル作用を表現している。

　さらに、ωは、各意識の作用が量子化変数群(ΣGx)を直接動かし、多世界宇宙の極小構造と極大構造を作るから、これを代入すれば次のようになる。m番目を気にしないで一般的に表

現すると、以下のようになる。

　Γ＝Γr(ΣGx)＋Γq(ΣGx)。ここでrは現在をqは過去を表す。

　ここでΓr(ΣGx)は、高次波動宇宙から新しく生成された極小構造(Γr)を示し、ΓqΣGxは既に生成されている多世界宇宙の蓄積、或いは一部修正された極大構造を示している。

　しかしここで、我々が本当に知りたいのは多世界宇宙の「現象」$\underset{シータ}{\Theta}$を構成する(Γ)だけではなく、実は「事象」$\underset{ファイ}{\Phi}$が構成するΓを知りたいのだ。

　ΦとΓは同時に発生していることから、発生した「現象」と「事象」は、ΘとΦである。これは、同一の対象に関しての、「現象」と「事象」を統合した表現である。

　さらにここで、Φは宇宙意識(ω)とそこから産まれた多層構造意識に対してだけではなく、疑似意識に対しても同様に作用するので、多層構造意識が係わる「事象」を$\overline{\Phi}$、疑似意識が係わる「事象」を$\underline{\Phi}$とすれば、$\Sigma\Phi$がトータルの「事象」となる。

　さらに、人間の精神の多層構造意識($\overline{\omega}$)と疑似意識($\underline{\omega}$)とによる合体された「事象」は、個別意識とそこに属する疑似意識に固有の事象となる。

　$\Phi＝\overline{\Phi}＋\underline{\Phi}$である。

　ここでは最後の、$\Phi＝\overline{\Phi}＋\underline{\Phi}$　が重要であり、以降に一度だけ登場する。

　しかしながら、このような数式はもはや大した意味を持たない。**【巻頭図19】**の内容を理解したら忘れて良いと思う。語彙を増やし、さらに理解を深めてから、**【巻頭図19】**は最後にもう一度引用して、更に詳しく説明するつもりだ。

　ところで、量子化変数群に作用するのは、「現象」Θではなく、「事象」Φなのである。二重スリットの実験からも、それは推論されることである。

　即ち、「事象」Φの構成要素は［C・abcdx］から発生するCEneであることを重要視していただきたい。そして特に、［C・c］こそ事象の主たる成分である。そして「現象」Θは量子化変数群Gxには無関係であり、既に生成された結果としての多世界宇宙Γに係わることなのだ。

　そこでここから、「事象」Φという人間的意味を理解して戴きたい。ここに示した数理論理的表現は、文章の代わりに記号を用いたに過ぎない。著者の癖として、数理論理学的に表現したいという、ただの好みの問題に過ぎないのだと思ってほしい。気にしないで進もう。

　多世界宇宙の発生によって、かなり量子化変数群は決定してきたが、これからそれを4次元世界での活動にまで、生命活動を「展開」させなければならない。

　［高次波動宇宙］は波動であるが、量子化変数群によって多世界宇宙を創っているのは高次波動から変質した「多次元粒子」つまり、「超量子」である。

　これは4次元世界における波動と粒子の関係にフラクタルに対応している。そして4次元世界からの類推として、多世界宇宙は大構造を「多次元粒子」として創り、微細構造は波動がその場で「多次元粒子」化して創り上げる。当然、全ては量子化変数群によるのだ。

　そして、多世界宇宙の一部が切り取られ、いよいよ断片としての4次元世界に個別意識が降りてきて、生命活動を「展開」させるのだ。この時、高次元の［高次波動宇宙］も切り取られ、4次元世界に投影される。

　そのようにして累積した生命活動が、常に変動しながら全体としての

宇宙を構成している。我々には部分しか見えないが、宇宙は全体を一つとして、「展開」している。我々の意識が宇宙意識にフラクタル共鳴すれば、その全体像を感じ取ることが出来るのだ。私はそのようにして宇宙の全体像を感じ取って書いているのだ。

◈ ［高次波動宇宙］からみた観察する側、観察される側

　特殊相対性理論からの推論では、観察する側と観察される側の立場の違いを明らかにした。そこでは「双子のパラドックス」を扱い、観察する側と観察される側とに世界が分離されることでパラドックスを解消し、同時に「多世界宇宙の再構築」の説明をした。

　ここに意識を介在させて解釈すれば、観察者（B）の意識が観察する側（B）と観察される側（C）に分かれていて、観察する側（B）は観察される側（C）を評価し、［Δt］の時間遅れを観察する。そして、逆も真であり、観察する側（C）は観察される側（B）を評価し、［Δt］の時間遅れを観察する。

　そして、量子力学で扱うような極小構造の世界で生じている観察する側、観察される側の分離した例は「二重スリット」問題の中にも見ることが出来た。

　意識は形を持たないから、［高次波動宇宙］の意識と宇宙意識との分類は原理的に出来ない。
　［高次波動宇宙］の意識というと不思議に思われるかも知れないが、［高次波動宇宙］の意識は宇宙意識の一部である。（後述）

　そして、我々の知る物理学で言う「エネルギー」とは［高次波動宇宙］から生まれてくる。その詳細は極めて興味深いが、それは場所を変えて改めて議論したい。

そして、［高次波動宇宙］であっても観察される側の対象となれば、その時同時に周囲の意識に反応して情報を発信する側の意識にも変換するのである。

人間の意識が切り取る世界

人間はこの宇宙意識を内に持って生まれてきている。

宇宙の根源は宇宙意識であり、そこから複製して分身したものが［高次波動宇宙］であるとした。そしてその宇宙意識を我々人間も個別意識として持っている。

そして、我々の知る日々の現象の以前に、意識の作用があるのだから、それを説明可能な「新しい宇宙像」を構築しなければならない。当然の如く、それは意識の多層構造を取り入れた世界観でなければならない。

意識の立場から説明してみる。

私の住んでいる世界は多世界宇宙の中から、私の意識が切り出してきた一つの4次元世界に過ぎないのだった。そして、あなたが住んでいる世界は多世界宇宙の中からあなたの意識が切り出してきた、一つの4次元世界なのである。

切り出し方にはいろいろある。それぞれ似たような切り取り方ではあるが、実は人によって異なる。人とは異なる切り出し方をすることが多々ある。切り出す範囲が広かったり、狭かったり、切り口が多少違ったりする。

そうすると、その人は他の人とかなり異なる世界に住むことになる。個別意識の切り口だけで無く、他の切り口からの干渉もある。良くも悪くも自分の個別意識とは別の意識からの干渉があり、こちらの切り取った世界は影響を受ける。それぞれ異なる切り口が重なることだってある。

更に、意識は多次元の体をまとっている。高次元の世界であれば、高次元の体と衣をまとっている。高次元の多世界宇宙にはそれに適した意識の体と衣が存在し、人間は多層に亘って生命活動を営んでいる。

　それが４次元世界であれば４次元の肉体がそれであり、その肉体は更に５次元の衣をまとっている。これら意識の総合作用として、これらの体と衣の影響を受けるように多層構造の高次の意識もその体と衣の影響を受ける。

　４次元世界では、底辺層の意識と肉体に纏わる疑似意識の間を結合している「フラクタル結合体」の大きさや種類によって、人はそれぞれ固有の世界に住んでいるのだ。これは潜在意識として知られているが、潜在意識の定義は曖昧で疑似意識と全く同じ意味とは限らない。

　個別意識とは宇宙意識という全体の中の一部として存在するが、決して塊として存在するわけではなく、共鳴の範囲にそのエネルギー密度を変化させながら存在し、固有の共鳴範囲と密度分布を持ってフラクタル共鳴体を構成している。

　私たちはこのような共鳴体としての個別意識を持ち、階層の上位意識からの応援をもらい、同じ層からの援助もあり、或いは援助し、助け合って生きている。

　更に、個別意識は疑似意識にフラクタル結合していて、疑似意識が肉体を動かし、４次元世界に直接係わることになる。疑似意識は疑似であっても意識の性質を持っているから、潜在意識を通じて４次元世界に力を及ぼすことが出来るのだ。

　ここまで意識と意識、疑似意識に纏わるフラクタル構造体の説明である。

　更には、我々は上位の意識階層にもフラクタル共鳴となって住んでいるのだった。そのことは、多世界宇宙の高次元に住む知的生命体からの

援助も得ているのである。そして我々も進化するにつれて、他の知的生命体に応援することも出来るようになるのである。

　そのためにも、まともな知的生命体と呼ばれるためには、宇宙と意識の関係を正しく理解し、普遍的な世界観を持っていなければ使い物にならないのだ。

　意識の存在はなかなかその実態をつかめないように思うが、意識は厳然として存在している。

　ここでもし、このような宇宙に共鳴する「意識」という存在を否定し、フラクタル構造など存在しないとして、「意識は脳の作用として、神経ネットワークとして存在している」との見解を現代の常識とするならば、そこに何ら信頼に足る、普遍的な意味を持たせることは到底不可能である。

　意識が神経の作用というのは一部は正しい。つまり、脳の神経ネットワークとは意識のフラクタル構造体であり、フラクタル共鳴の関係にあるからだ。しかし神経ネットワークが意識の本質ではない。

　「意識は進化の中で取得した機能」であるという現代の解釈もある。

　この解釈では意識は付録の意味しかない。これではAI（人工知能）に毛が生えた程度の存在でしかない。もしそうだとすれば、人間とは、そんな実体のない、あやふやなものに頼って生きていることになる。それであれば、意識が生み出す人間の思考など全く意味のないモノになる。

　確かに疑似意識はAIに近い性質を持ち、体験を積むことによって進化していく。しかし何処まで行ってもAIはAIであり、体験的判断しか出来ない。つまりそこに絶対性は無い。それは相対的な価値である。

　宇宙意識に通じる個別意識は絶対性を持ち、宇宙の立場から疑似意識をコントロールするのだ。個別意識も体験を積むことで進化し、体験を宇宙意識に還元することで成長する。

　真実は、人間の意識は般若心経に「不生不滅・不垢不浄・不欠不満」

と表現されたような『実在』であるが、この４次元世界では、肉体は消耗品のような「非実在」であり、肉体とそれに纏わる疑似意識をも含めて宇宙意識に通じる多層構造の底辺で開拓作業をしている。

　しかもその多層構造を成す全体に対してフラクタル共鳴状態になることで、宇宙意識に共鳴できて、全体を意識しつつ個別の意識を働かせ、疑似意識をコントロールしていくことができる存在なのだった。

多世界宇宙のフラクタル構造

　多世界宇宙とは５次元世界から６次元世界に亘って存在している。

　多世界宇宙は全てがフラクタル構造をしており、［高次波動宇宙］から、海峡で発生する渦潮の如く、多世界宇宙は他の多世界宇宙と一緒に、かたまって沢山生まれてくるのだった。

　個々の多世界宇宙は、群を成していて互いにフラクタル共鳴状態にあり、互いに関連しつつ多様な多世界を創っている。

　ところで、今議論している我々の住む４次元世界は、沢山の多世界宇宙の中の、或る一群の多世界宇宙の中の一つの多世界宇宙の中から切り取った断片の世界のことである。

　ただし、これは我々４次元世界から観察するから多世界なのであり、多世界宇宙の住人から見れば、一つの多世界宇宙が一つの世界であり、それが特別な多世界とは感じないだろう。

　そして個別意識から見るならば、元々我々は一つの多世界宇宙の住人であり、その管理者であるのだ。そして疑似意識が多世界の一部の４次元世界に住んでいるのだ。

　さらに議論を続ければ、我々の４次元世界に直結する多世界宇宙と共に、そこから切り出してくる以前の世界もフラクタル共鳴状態にあり、

共鳴し合っていて、とても似た世界である。

　さらに、それに合わせるように個別意識が創る秩序（世界）はフラクタル共鳴状態にあり、より高次の段階意識につながっている。

　個別意識は肉体に止まるために肉体の制約を大きく受けていて、常に高次の段階意識の低層下で活動する。個別意識は常に高次の段階意識とフラクタル共鳴を確認しつつ、高次の段階意識の理念を象徴化しながら、より低次の段階意識に翻訳し、高次の理念を低次に表現し続けるのだ。そのようにして宇宙意識の理念をこの現実の世界に表現し続ける。それが宇宙の生命活動である。

　宇宙意識、段階意識、個別意識を知れば、宗教で言うところの創造主のことも、魂のことも、神々のことも、霊のことも、死後の世界のことも、生まれ変わりのことも、全てにおいて説明出来てしまうのだ。この書では宇宙の生命活動としての働きとしての魂や神々の存在を、肯定するに止（とど）め、詳しくは拙著「未完成だった般若心経」（献文舎）を参照して戴くことにする。

　全ての意識はフラクタル共鳴を確認しつつ、［高次波動宇宙］の中では意識がそれぞれのポジションで量子化変数群を制御する。それぞれが微妙に異なる沢山の「元現象」の世界に影響を与えていて、意識の判断に沿って現象化するのを待っている。

　実際には意識は試行しながら象徴化を繰り返し、最終的には４次元世界にフラクタル共鳴を表現していく。それは「事象」としては調和した姿に変化していくと見える。

　この世界を「事象」として解釈すれば、フラクタル共鳴の中に有る「元現象」の世界が４次元世界として切り出されて、現象化した場合でも、確かに「現象」としては似ていても、「事象」としては全く異なった対立にさえ見えることもある。つまり、同じ現象でも人によって解釈が異なるということだ。これは既に読者の体験からも明らかだろう。

しかしながら、この場合でも原則的にはフラクタル共鳴の中にあるのだ。

　このような一見フラクタル共鳴から離れるような「事象」の動きに対しては、フラクタル共鳴による強い制御の力が修正力として作用しているのだ。

　それは「事象」としては大きな環境の変化や既存の不調和な関係を破壊する力として作用することになり、「事象」としては破壊力となり、部分的にはフラクタル共鳴から離れたように見えてしまうのだが、これはフラクタル共鳴の大きな力が作用した結果である。

　このようにして［高次波動宇宙］は変化しながら「展開」していく。

　多世界宇宙の中には私とあなたの世界だけではなく、過去も現在も未来も混在したままフラクタル共鳴状態にあり、関連し合い、その中にはローカル時間軸が存在していて、元現象として存在している筈だ。

　この宇宙は意識が認識し、意識の世界の中に展開するものであるから、意識に立ち返って考える習慣が必要になる。

　しばしば登場してきたフラクタル共鳴も、意識と意識との間での共鳴関係だから、これも元々意識の作用である。

　考えてみれば、日々の生活での意識の作用は、つまり一つ一つの出来事の選択は、宇宙の未来を選択していることを意味していることになる。それら複数存在する未来は４次元世界の集積した５次元世界であると言える。それらは互いに関連していて、意味的に近いモノから遠いモノへと連続的に繋がっていて、その違いは物理的にでもあるが、特に「事象」としての違いで連続性が有る。そして現在の意識が一つ一つの「事象」を選択していくことで５次元の未来に影響を与えつつ、やがて「現在」の延長上にある４次元の「未来」が一点に絞り込まれていくことになる。

　そして、その事に気づこうと気づくまいと、意識の作用で日常生活の中で、一瞬一瞬自分の未来の選択と創造を繰り返しているのだ。そして同時に人類の未来の選択をも繰り返しているのだ。

　そのことを言い換えれば、我々はしばしば［高次波動宇宙］の量子化変数群を決定しつつ、４次元世界を創造する側に立っていることを意味するのである。

　日々の小さな決定はすべて宇宙の創造、宇宙の選択につながっている。

　我々も意識であるから、個別意識による詳細な量子化変数群の決定をしつつ、意識による未来の世界を決定し、選択をしつつあるということになる。

　そして、４次元世界の現象とは日常体験的に確実な存在と思いがちだが、実はそれも意識によって選択された多世界宇宙の一面であり、それは元々［高次波動宇宙］による多くの解の中の一つの解に過ぎないのだ。

　結論を急げば、宇宙は［高次波動宇宙］として高次の波動関数的に「展開」し、すべての量子化変数群を未決定のまま「展開」する。つまり、未決定の量子化変数群の幅で極めて流動的に振動しながら波動として「展開」する。

　次に、宇宙の持つ意識である「宇宙意識」により、量子化変数群を決定しつつ［高次波動宇宙］は多世界宇宙を創造し、そこに「人間の係わる個別意識」が係わることで多世界宇宙を再生産し、多世界宇宙を「展開」させつつ形成し、そしてそこから４次元世界を切り出して、それを自分の世界のつもりで生きている。

そして、多世界宇宙は被造物であって『実在』ではないのだった。ましてや、そこから切り取った４次元世界はそもそもはじめから『実在』ではないのだった。

　だからと言って、それを悲壮感で捉える必要はまったくない。そこで生きる個別意識は各階層識、さらに根源の宇宙意識と共に宇宙を創造し、生命活動を営む『実在』なのだから。

生命活動と宇宙

　始めに宇宙意識があって全ての意識は宇宙意識から生まれたのだが、元々宇宙意識が自らの写しとして対と成る意識を生み出していった。この原則が全ての意識に当てはまる。

　そしてさらに宇宙意識は［高次波動宇宙］を自ら分離し、生命活動の環境を整えるための準備をした。ここまでが『実在』である。

　そしてこの『実在』としての［高次波動宇宙］が多世界宇宙を創り出していくことになる。ここからが「非実在」となる。

　終盤に近いので語彙も増え、読者の理解もかなり深まった頃と判断し、ここいらで宇宙の本質をもう一つ突っ込んで書いてみよう。

　概念としては当初、宇宙意識は一つであったと言えるが、それが先ず、自らの分身として段階意識、個別意識として様々な働きと役割に応じて多くの意識を生み出すと同時に、その生命活動を展開するための環境を整えるための［高次波動宇宙］を生み出した。

　宇宙意識が分身によって分離する時、正にその時、互いの関係に、観察する側と観察される側との関係が生まれた。

　宇宙意識も、段階意識も、個別意識も、［高次波動宇宙］も、互いに観察する側と観察される側の両者の立場を持つ。

143

　さらに、観察する側と観察される側との間には常に引力が働き、離合集散があり、そこに主観と客観が生まれ、両者の関係を引力によって常に保持している。観察する側の範囲はそれぞれの観察の範囲であり、主観的に判断行動する。そして観察される側も同様であるが、自らの行動を他の意識を通して客観的に位置づけることが出来る。こうして宇宙意識は個性に分割され、つまり働きに分割されて、しかも元の関係を維持しつつ、離合集散によって生命活動が展開する。

　この宇宙意識の離合集散によって、そこに生命エネルギーが発生し、一旦分離しても再び一つになろうとする活動が生まれた。そこでは、ただ一つになるのではなく、そのプロセスで自らの可能性と能力、それは正に全知全能の力によって、そこにストーリーを生み出し、そのプロセスを含めて一つに戻っていく。それが宇宙の生命活動である。

　受精卵が分割して全身を作るように、多くの、分身が生まれ、分身が活動する環境を［高次波動宇宙］が創り出して分身を支えるのだ。こうして［高次波動宇宙］が環境を創り、宇宙意識の分身を支えるのである。

　［高次波動宇宙］は生命活動のために様々な環境を創り出す。多世界宇宙として、様々な多様性を表現しようとして様々な世界を創り出す。およそ、そこには際限が無い。それは意識が求めるもの全てを創り出そうとする。意識の創造の自由性はそこに起因する。

　これが宇宙というシステムなのだ。

　宇宙はシステムであり、システムである限り、そこには目的があり、その目的に向かってシステムは進行し、展開する。システムは目的に向かって制御されるが、その制御機構がフィードバック機構である。

　目的とは奥深く、ひと言で言えることではないが、敢えて言ってみれば「目的とは生命活動を展開すること」である。

　宇宙という全体システムは勿論、その中の部分のシステムにも何重にも仕掛けられたフィードバック機構があり、このフィードバックに沿っ

て生きることで、人間は正しい方向（宇宙の生命活動が進行する方向）に制御されている、という意味になる。

　この生命活動でのフィードバックとは、分身が元の一つに戻る力である。

　私は「宇宙はシステムである」と言った。これは重要発言なのだ。宇宙がシステムである限り、そこにはフィードバック機構が存在している。フィードバック機構とは「小さな誤差」を検出して、システムを正規の方向に修正する機能である。

　それをいよいよ人類に、そして個人に当てはめてみたい。

　システムの「小さな誤差」とは、それは運命の中で体験する「不調和」や「間違い」を意味する。その「不調和」や「間違い」の体験を通して、それを位置づけ、修正の方向を確認し、自らのなした言動よりも自らの発するベクトルに注目して、それを修正することで運命を軌道修正することができることを意味する。

　ここで知るべきは人間の本質が個別意識であり、宇宙意識が宇宙がシステムを制御している限り、そこに必ず「小さな誤差」は発生し、それはシステムを正規に機能させるためには必要な誤差である、という真実である。

　ただし、人間の努力によって、その「小さな誤差」を小さく済ませて修正できるか、大きくしてしまって苦しみ多い修正作業としてしまうか、の違いがあるということなのだ。

　つまり、「不調和」や「間違い」は生命活動にとって必要なことであって、それだけでは全く恥ずべき事ではない。恥ずべきは「不調和」や「間違い」を正しく認識しないことであり、それを人生のフィードバックに生かせないことなのだ。

　そのフィードバックのプロセスを「小さな誤差」で済まそうとするの

が私が説いている自明行であるのだが、この観点からの詳しい議論は拙著「人間やりなおし」（献文舎）、「未完成だった般若心経」（献文舎）に譲ることにする。

　結局、人間の生きることと、新時代の物理学としての「多世界宇宙・発生論」は直結しているのだ。

　自分自身を深く掘り下げようとするときには、そして人類の未来や宇宙人を考えるときには、この様な「宇宙はシステムであり、フィードバックが存在する」との視点を失わないようにしなければならない。

　さて、ここでフィードバックの単位としての意識は個別意識だけでなく、自分が所属する集団としての意識という、複数の個別意識を統合した集団の段階意識を意味することもある。

　当然だがフラクタル共鳴していれば、これらの意識に概略の区別はあるが明確な境界は無い。フラクタル共鳴の中心から外れると、つまり、そこには外れる自由も与えられてるので、事態は複雑である。

　しかし前述したように、真実はどんなに中心から外れてたとしても、常にフラクタル共鳴の中に有る。宇宙そのものがフラクタル共鳴であるからである。重ねて言えば、常にフィードバックシステムの中に有り、中心から外れれば外れるほど強いフィードバックが掛かるのだ。

　一つのフィードバックシステムはこのように単純化されるが、実はシステムとは複数のシステムから成り、単位システムが複数集まり、さらには大きなシステムが小さなシステムを何重にも遠巻きにしていて、それぞれの範囲で内包するシステムにフィードバックを掛けていて、最後は宇宙を全体とするフィードバックシステムにまで広がっている。つま

りフィードバックは多層構造の意識の段階に応じて、さらには「意識の活動の場」に応じて存在している。

　この時、一つの小さなシステムが破綻方向に移行すれば、それが破綻しないことが宇宙の目的に沿うのであれば、外側のシステムが内側のシステムの破綻をくい止めるように作用する。その時この内側のシステムから見ると、外側からの力で破綻をくい止められたと感じる。

　或いは、破綻に意味があるのであれば、反対に外側からの力で小さなシステムが破綻することを妨げないこともある。この時の小さなシステムから見れば、外側の力で破綻されたと感じることもある。しかし、この時は破綻にこそ宇宙的意味があるのである。

　ただし、４次元世界から見れば、フィードバックシステムによる制御の結果が目に見えるまでには何百年も掛かるときもあるし、現状の世界はフィードバックシステムは緩く掛かっている状態と言える。
　生命活動が我々人間の運命に係わるとき、このフィードバックの力は「運命の力」となって「事象」を大きく動かすのだ。
　そして宇宙の中に生きる人間は、常にこの「運命の力」というフィードバックの力によって日々制御されている。そこで自らの個別意識を制御し、フラクタル共鳴を保つことができれば「運命の力」を味方にすることになり、人間は調和した人生を歩むことができる。

　このように、フィードバックシステムとは元々４次元世界の概念だが、その意味は極めて普遍的な概念なので、時間軸の意味が変わる多世界宇宙であっても、更には［高次波動宇宙］でも、そして宇宙全体でも使える語句である。

　それは意識は互いにフラクタル共鳴していることから、必然的に、陰

と陽の、主観と客観の、見る側と見られる側の、対になるのだと言える。

これが意識と意識の交流の基本である。

ところで、個別意識は通常の自分の持ち分の大枠は決まっているが、決して固定的ではなく流動的である。フラクタル共鳴の中では基本的にどこの意識階層にも、そして宇宙意識にも到達することができるのだ。その到達した段階意識の立場から、或いは隣の人間の立場から、進化した意識を持つ人は無自覚に相手とのフラクタル共鳴の立場から相手の側に立てる人なのだ。そして客観的に自分の側にも立てる人なのだ。そして本来の意識の交流が出来る人なのだ。

そしてさらに、宇宙意識にまで到達できる人は宇宙の生命活動の立場から自分の実態を把握し、そして宇宙意識と［高次波動宇宙］の立場にたち、宇宙の生命活動の立場から人類を指導し、宇宙を創造できる人なのである。

このように、意識の構造は常に情報の発信側と受信側との対に成っていて、互いに役割を交代しながら、いっときの活動範囲を持って宇宙の生命活動に参加しているということなのだ。一つの意識は決して他から分離できるモノではなく、常にフラクタル構造の中に有り、フラクタル共鳴によってどの意識とも連結できるモノなのだ。

効率的な宇宙の設計思想

宇宙は、宇宙意識の「理念」と「方針」をフラクタル共鳴の中で受け続けている。

宇宙意識は元より、段階意識と個別意識はフラクタル共鳴の中で「理念」と「方針」を理解し、「元現象」を創っていく。つまり「事象」を創っていく。そしてその「事象」に沿って「元現象」と「現象」が創ら

れていく。宇宙意識と段階意識と個別意識は持ち分の量子化変数群をコントロールすることで「事象」を創り、そして「元現象」と「現象」を創っていくのだ。

　ここまでの議論から宇宙の設計思想を推定すると、現象は最終的に意識が捉えるモノであるから、意識が直接係わる一部分のみ現象化して、つまり見えるところだけ現象化して、他の詳細部分は［高次波動宇宙］のままにして元現象化を省略しているようにさえ見える。

　古典物理学で扱うような、、、正確には特殊相対性理論や一般相対性理論で扱うような極大構造の世界では既に現象化が済んでいるから、宇宙の大まかな構図は出来上がっている、と言えるだろう。

　ところが、少なくとも量子力学で扱うような極小構造の世界においては未だ量子化変数群が全体に係わらない、未完成なところが沢山存在しているのだ。

　そのために、宇宙の微細構造としての部分は可能な限り［高次波動宇宙］のままで、量子化変数群は未決定のままで、、、宇宙は存在し続ける。
　その段階では量子化変数群と未現象が次の創造のための準備を整える。そしていよいよ、そこに意識が量子化変数群に働きかけて、「未現象」から「元現象」が、そして「現象」が生まれることになる。

　つまり、意識が係わらない限り現象化せずに未現象のままで宇宙は「展開」し、意識が係わる所のみ、意識による認識に矛盾が無いように、「現象」ではなく「事象」の意味を優先的に、つじつまを合わせているように見えるのだ。

　「宇宙の大構造は創るが、見えないところの詳細構造は、それが必要

なときに創れば良い」ということになり、意識優先の実に効率的な設計に見える。

　意識が極小構造を創造しているとき、そこが「現在」であり、宇宙は「現在」で満たされている。そして意識は極小構造を積み上げて極大構造を創るが、その時「過去」の極大構造物に「現在」の極小構造物を接着剤のように付加して、大構造を組み立てていく。

多世界宇宙の中で生きる意味

　私達には与えられた意識を駆使して、多世界宇宙の一断面の４次元世界を自分の作業の担当として、日々改良しながら生きているのだ。日々の出来事の一つ一つの決定が、この４次元世界を少しずつ変え続けているのだ。

　私達は今、生命活動の途中にある。私達は宇宙意識の理念に沿って、多世界宇宙を創りながら、自らが望み、自らに与えられた作業を自らの使命として生きている。
　その事に思いが至るとき、決して忘れてはならないことがある。だからこれは終盤に書いているのだ。

　それは、生命活動の「展開」の途中に、いくつかのウイルスのような、生命活動を邪魔するような存在に出会う。それはあたかもそこに罠が仕掛けてあるようにさえ見える。宇宙の完全性の中で、フィードバック機構を効率よく作動させるために用意されたモノだ。それを、無事乗り越えてこそ、生命活動は成就するのだ。ウイルスのような障害はしばしば生命活動を妨害するかのように振る舞う。それを見事見抜いて障害を避けて、或いは普遍的価値に基づき、積極的に戦いとっていかなければならないのだ。それは決して無駄な体験ではない。

このような一見不必要な障害に見えることも、フィードバックシステムとしてみれば、それは実に有効に作用する。

　このような罠のように見える障害に常々触れることで、それが小さな体験となり、未来の大きな出来事に対処できるようになる。つまり小さな体験でウイルスに対する免疫が生成されるように、システムとしてより安全性の高いシステムと成り、宇宙のフィードバックシステムがより強化されるのだ。

　人間は宇宙意識から生まれ、多世界宇宙の最前線の４次元世界で個別意識として体験を積み、やがて宇宙意識に還っていく大きなサイクルの中に居るのだ。これが「宇宙への帰還」の最も本質的な意味である。

　我々は４次元世界を生きているのだが、実は６次元世界の一部を生きているのだった。つまり、６次元世界からのフィードバックを受けて４次元世界を生きているのだ。それは即ち、複数の過去・現在・未来を含む多世界宇宙の中で、過去からも未来からもフィードバックを受けて生きていることになる。

　そして、現在とは、４次元世界に生きる我々にとっては一瞬の存在で、過去と未来に囲まれていることになるが、４次元世界の制約から切り離れて６次元世界の中で生きる状況に至れば、現在は決して瞬間ではなく、『意識』の係わったところの全てが現在であり、全ては手が届く現在の範囲なのである。それは「宇宙への帰還」の過程である。その過程の中では過去と未来は既に現在に含まれ、全てはフィードバック機構が作動していて、一切の事象は修正可能なものとして存在している。

　個別意識の立場から世界を見るとそのように見えるのだ。見えるとしたのは、これは『実在』の話ではなく、「場」としての「非実在」のことだからだ。個別意識に至れば、既に現在も過去も未来も存在しない。個別意識の係わったところが常に現在である。

　「宇宙への帰還」を果たせば、そこは『実在』としての根源の世界そ

のものである。

　さてここでは、「場」としての、つまり「非実在」としての６次元世界の宇宙というフィードバックシステムの中で、我々は「その一部の４次元世界を生きる」ということを、「宇宙への帰還」の途中にある人間が個別意識の根源の世界を意識しながら、もう少し深く考えてみよう。

　「宇宙への帰還」の途中にある人間が、そしてその人間が生きていく中で、様々な「事象」を体験しながら生命活動を展開していくということは、初めは４次元世界での善悪二元論の中で自分なりの正義を振り回して相対的な価値観を作るが、やがてその中で試練を乗り越え、障害を乗り越えていくプロセスを通して人はやがて全体を理解し、６次元世界の宇宙への理解を深めていく。

　人は生命活動の中で、体験を通して６次元世界を知っていく。それが６次元とは知らずとも、正しい世界観を知り、その上で自分を見つめて、その自分を宇宙の中で正しく位置づける能力、自己位置標定の能力を身につけていく。その時は６次元世界とは知らずとも、次第に４次元世界がすべてでは無いことに気づき、その事で人間はやっと宇宙とフラクタル共鳴に至るのだ。そうすることで人間が抱える価値観は本当の正義である一元論に集約されていくのだ。　　　　　　　　　**【巻頭図15】**

　この一元論は「元事象」から導き出されるのだ。それは即ち、「事象」の６次元世界の意味を理解したとき、それは「元事象」に達することになる。４次元世界の「現象」を体験して、そこから「事象」を感じ取り、更にそこから「元事象」を理解したときに一元論への扉が開かれるのだ。一元論的理解は「現象」の６次元的意味を理解することで成立する。そこには宇宙全体の理解に通じるものがある。「事象」が一元論的に、未来から現在を正しく位置づけて理解できたときに、「宇宙を理解できた」というのだ。

それが人間の生きる道なのだ。当然、物理学という学問もこの流れの中にある。

　これらの道中では、必ず突き当たる障害を恐れることはない。障害と見えるものは必要な体験なのだ。障害を体験することで、６次元の多世界宇宙と宇宙意識を実質的に知っていく。４次元世界と６次元世界の差は物理的次元の差ではあるが、人生の体験としては「事象」の意味を深めていくことになる。４次元世界での「事象」の意味は善悪二元論であり、単純であり、時間の流れでしか現象を、そしてその現象の意味する「事象」を捉えられないが、人生の体験を積むと４次元世界を超えた世界観が芽生えて「事象」を捉えるようになる。

　そこに、将来一元論的世界に至る道筋が用意されるのである。

　フラクタル共鳴を体得すれば障害と見える試練を必ず乗り越えられるようになっている。それは必要な体験であり、宇宙のフィードバックシステムの一部を体験していることになるからだ。つまり、何の障害もない世界など決して理想ではない、ということになる。

　そのためには、独善的価値に陥らず、被害者意識にならず、常に調和を求めることだ。つまり上層で個別意識を指導し、コントロールしている段階意識に心を合わせ、高次の意識から謙虚に指導を仰ぎ、フラクタル共鳴状態を維持することに努力すればよいのだ。

　後から来る人達、或いは多世界宇宙で生きる知的生命体に対しての、体験という道しるべを作りながら、多世界宇宙は全体としても進化していく。

　だから私達人間は、、、もっと一般化して言えば、４次元世界に生きていて意識を自覚する知的生命体は、、、多世界宇宙に、そして［高次波動宇宙］に、さらに宇宙意識に、いずれ帰還するのである。

　そこが生命の本住の地である。

二次ベクトルとその現実的な処理

　壮大な宇宙を語るだけではなく、ここで一度、足下を見つめておきたい。

　意識が多層構造であり、それぞれの段階での様々な生命活動によって宇宙が展開していくのだった。宇宙はシステムであり、そこにはフィードバックが作用している。この基本理解はとても重要である。

　ここでは、我々地球型人間の生命体について述べているが、人間という生命体は多様性に富み、宇宙を見渡せば様々な様式の生命体があり、全てを我々地球の人間と同じには扱えない。それを知って、この書は主として地球型人間についての記述であることを頭の片隅に置いておく必要がある。議論を続けよう。

　この基本理解にたてば、さらに以下のことが言えるのだ。

　個別意識には、個別意識の容れ物としての肉体とがフラクタル結合しており、その結合部分にはベクトル変換装置が付随している。そして同様に、段階意識にもフラクタル結合する対象と、その結合部分にはベクトル変換装置が付随している。それをインターフェース部とも呼称できよう。

　生命活動は『意識』とその容れ物と、そのフラクタル結合部分に有るベクトル変換装置と、そのフラクタル結合部分から発する思考エネルギーによって進展していく。

肉体は死んでも事象は記録されて残り「潜在意識ベクトル領域」を作る

　疑似意識は肉体の死と共に肉体から離れるが、やがて消滅し、意識としての残存エネルギーもやがて消耗して終了する。そして個別意識はそ

のまま段階意識に移行し、段階意識に用意された多世界宇宙の一部、正確には多世界宇宙の一部にフラクタル結合するベクトル変換装置に一旦移動する。

　そこは、異なる量子化変数群から作られた臨時の多世界宇宙であり、当然「非実在」ではあるが、そこは我々の住む4次元世界にフラクタル結合した、別の臨時の6次元の多世界宇宙である。

　『意識』は創造力を駆使して［高次波動宇宙］に作用して、いくらでも、どのようにでも、世界を創造できるのだ。

　しかも、量子化変数群の記憶の領域に過去の量子化変数群のデータとしては残っているので、必要なときにそれを再現し、更に事象を進めることも可能である。

　それは、以下のような宇宙の生命活動としてのフィードバック機構の意味を持っている。

　人間は死後に、個別意識と疑似意識をフラクタル結合の機能を持つインターフェース領域、即ち「潜在意識ベクトル領域」を伴って、この世界に何らかの働きかけを行うことができる。

　そのことについて述べる段階に至った。

　この4次元世界での生命活動を終えた個別意識は、つまり死を迎えた個別意識は覚醒に至っていれば、つまり一元論に到達していれば、段階意識に移行し、それは『意識』に戻った状態であり、以前の4次元世界の制約を受けないから6次元世界とフラクタル結合状態にある新たな6次元世界を自由に移動し、6次元世界から4次元世界にフィードバックをかけながら生命活動を継続することが出来るようになるのだ。

　本著の語る多世界宇宙とは、6次元世界が他の6次元世界とフラクタル結合状態にあることが、ここでは重要な認識となる。

　さて、段階意識に移行した『意識』は新たな6次元世界で、そのまま天命を継続し、生命活動を進めて一部役割を変えながら次のステージに展開していく。

　死後の世界は宇宙から見れば微小領域だが、人間にとっては重要であり、知っておきたい事であるから、もう少し人間的意味を重要視して説明を続ける。

　私たちは個別意識としての生命体である。そして、疑似意識とフラクタル結合して４次元世界を生きるのであった。そこで肉体の死後、個別意識は段階意識へ移行し、段階意識の生命体になる。その移行に際しては、多少の訓練が必要であり、その指導のために段階意識の生命体が付いて、段階意識のルールやこの段階意識の世界の説明がなされる。段階意識の世界に入った途端に、そこには一元論が反映されていて、とても安心した気持ちになれるのだ。そこが今後の住処となるが、生命活動を更に進めるために、未完の過去の体験を今後に生かす必要があり、そこで宇宙のフィードバックの作用を受けることになる。

　そうして次に、過去の生きた実績を振り返るために自らの係わった「潜在意識ベクトル領域」の世界に一旦係わることになる。

　前述のインターフェースの機能としての「潜在意識ベクトル領域」のエネルギーを使って、いつでも過去の「事象」を再現して、自分を客観的に見つめることになる。ここでは一元論とはほど遠い自分の過去の実態に直面し、思わずやり直したいと思うものなのだ。

　それは宇宙のフィードバック機構の作用なのである。そのやり直しのために必要なのが私が開拓した「自明行」であり、この世界に居る内にその訓練を受けているかいないかで、この先は大いに違うことになる。

　当然、やり直しのために、或いはさらに実績を積むために、生まれ変わるという選択肢もある。その場合は自らの係わった「潜在意識ベクトル領域」を持ったまま、次の肉体に生まれかわることも選択肢の中である。

　そして何度か生まれ変われば、やがては生まれ変わらない選択肢に至る。その場合でも、段階意識に移行した個別意識は自らの生命活動で生産した多くの「潜在意識ベクトル領域」と向き合うことになる。

私に言わせれば、この場面で正直に対応すれば何ら恐れることではない。「正直」とは個別意識から自分を見ることである。それは宇宙の立場から自分を評価することである。しかし「正直」の意味が分からない人がたくさんいることも事実だ。思ったことを言うのが「正直」だと勘違いしている人もいる。疑似意識の自分の利害をそのまま表現することが「正直」だと思っている人もいる。屁理屈が付けば「正直」が成り立つと誤解している人もいる。

　自明行を体験していれば、この「潜在意識ベクトル領域」に直面した現場でのフィードバック作業はそれほど難しいことではない。４次元世界に生活していて６次元世界は知らなかったのだから、その事実を知らされれば、直ぐにその場で一元論的な意味を知る事ができるはずなのだ。そこで、反省すべきは直ぐに反省できる筈なのだ。
　死後に「潜在意識ベクトル領域」を体験させられて、それから一元論的意味を知ることでも良いのだが、４次元世界に居てもそれを知ることの方がずっと価値のあることである。
　この場面で自己正当化と被害者意識を持ち出さなければ、それほどの困難は無く「潜在意識ベクトル領域」を通過できるのだ。しかし、この自分の過去の実態を見たくないと思えば見ないでしまう。つまり、事実を知る機会を失う。反省できないでしまう。さらに、もしこの事実から逃げようとして、この自己正当化と被害者意識に落ち込むと、たちまち負のスパイラルに落ち込み、もう中々自分一人ではここから抜け出せなくなるのも事実なのだ。その時は、助けを呼ばなければならなくなる。そしてもちろん、その時は当然、助けを呼ぶべきである。
　この「潜在意識ベクトル領域」は宇宙の生命活動のフィードバック機構なのだから、その主旨を知っていれば怖くは無い。
　場合によっては、その時「潜在意識ベクトル領域」を抱えたまま、もう一度生まれて同じ体験を繰り返して、或いは反対の立場の体験を通して、そこで徹底的なフィードバック作業として、体験を通して運命的に

自明行を実践する、という選択肢もあるのだ。

　自明行は段階意識に移行したときには大いに役に立つが、私は何もそのために自明行を開発したわけではない。私はこの現実の世界を「正直」に生きるために、それを開拓したのである。それが段階意識に移行しても大いに役に立つということなのだ。

　自明行が宇宙の生命活動のフィードバック機構であることを、是非理解していただきたい。

　段階意識に移行して、生前の自らの係わった「潜在意識ベクトル領域」を振り返って見てみれば、多くの人にとっては皆、中途半端で途中で投げ出してきたように見えるだろう。

　だから、多世界宇宙と段階意識とフラクタル結合状態にある「潜在意識ベクトル領域」を介在してこの世界に働きかけて過ちを正し、中途半端なモノは仕上げをしたいと思うモノなのだ。「潜在意識ベクトル領域」に直面して、これで良いと思える人は殆ど居ない。

　ところで「潜在意識ベクトル領域」とは「事象」が作った自分の物語である。「事象」が作り上げた自分特有の物語が、宇宙からそのまま受け入れられると考える人は、あまりにも無知な人なのだ。ここで、また自己正当化と被害者意識がさらに積み重ねられる人も多い。暫くはそのスパイラルの中で葛藤することになる。

　個別意識が死後に移行した先の段階意識は、いわゆる「霊」や「神」の領域であり、体験を積んだ個別意識は高度な宇宙理解にまで達したときに宇宙意識にまで戻って、意識を通して人々を指導したり、宇宙のフィードバック機構に係わり、フラクタル共鳴によって人類を導いたり、新たな生命活動に係わることになる。

　段階意識の住人となれば６次元世界にフラクタル結合した新たな６次元世界での生命活動となるが、以前住んでいた４次元世界に働きかける

時には、「潜在意識ベクトル領域」を経由して係わることができる。或いは、新たな6次元世界からも係わることができる。

　以前の人間関係で係わるときには「潜在意識ベクトル領域」の経由となり、生命活動として人類全体に係わるときには6次元世界経由となるのが普通である。

人間の意識の発するベクトルと感じ取るベクトルについて

　ここでは我々地球の人間の発するベクトルについて、多少追加して述べておく。

　個別意識は、そして疑似意識も、生活の中で様々な思考エネルギーを発生する。その思考エネルギーはベクトルと呼ばれ、沢山集まればベクトル共鳴を発生し、大きな力となる。ただしこれはフラクタル共鳴とは無関係で、単なる部分の力なのである。

　もちろん、このベクトル共鳴を進化させてフラクタル共鳴にまで成長させることは可能である。そしてそれをすることが、今人類に課せられた課題なのだ。

　様々な不調和なベクトル共鳴があちこちにあって、それが戦いながら地球の未来を不安定にしている。

　このベクトルとベクトル共鳴の思考エネルギーは生命活動の二次的産物であり、やがて消滅していくものである。そこで、指導的立場の段階意識は、これを生命活動の材料として、その一部をフィードバックの材料として利用することがしばしばある。

　その二次的産物をベクトル昇華させながら、生命活動を進展させるようにフィードバックを掛けて人間をコントロールするのである。

　このプロセスは我々の生活に密に関連していて、我々にとっての目の前の出来事、即ち「事象」は全てこのベクトル昇華の過程なのだ。これを近視眼的に見ると、そこに法則性が有るように見えたり、それが因縁

に見えたり、原罪に見えたりするのだ。

　巷には、未来を垣間見たり、予言したりする能力がある人が居るモノだ。それは潜在意識ベクトル領域を捉える能力に優れている人たちである。それ自身は意識の能力なので否定すべきことでは無いが、その未来を垣間見た内容が真実かどうかは別問題である。未来は複数あり、そのどれかの部分を見ただけでは真実とはほど遠い。当たることもあれば当たらないこともある。

　これらは全て二次ベクトルが消えてゆく過程であり、そこに法則性を見いだしても、それは本質ではなく、あまり意味が無い。

　我々はこれらのベクトル昇華の過程を見ているのであって、ここに捕らわれずに、全て「消えてゆく姿」とみて、段階意識に心を委ね、フラクタル共鳴の中にいつも身を置いて生きることで、苦労少なく明るい人生を送ることが出来るのである。

　段階意識からは常に導きの手が差し伸べられているのだから、そこに心を合わせていれば良いのだ。段階意識と自らの意識が一体化していて、自分の意識として、そうとは知らずに導かれているのが本来の姿である。段階意識から何かが聞こえてくる、というのでは決してない。そのような導き方はしない。

　未来を垣間見ようとしてそこに意識が集中してしまうと、本末転倒になり、現実がおろそかになり、いつもお伺いを立てて生きるようになってしまう。このような生き方は人間の本来の生き方ではないことを心底知っていなければならない。

　ここに今、人間の生活という目先の問題を触れたのは、次にいよいよ、人間と宇宙の最も本質についての結論を示したいからである。

宇宙は意識の中に展開する

　人間は意識であるからフラクタル共鳴の中で意識が望めば、望んだとおりの「事象」が量子化変数群を動かして元現象として生成される。意識は真に願うことを何でも実現することができる。

　ここまで読み進んで戴ければ『意識』こそが真の『実在』であり、意識の中で「展開」するのが多世界宇宙であり、この４次元世界である、ということが理解できてきたのではないだろうか。これが本書の導くところの重要な結論に繋がる。

　もう一度確認のために振り返りながら、この結論に向かって議論を組み立ててみよう。

　つまり、この宇宙は最初に宇宙意識だけが存在していたのだから、宇宙意識と分身の意識は『実在』である。そして、意識の活動する環境を創り出すために、最初に［高次波動宇宙］を自らの分身として生み出した。［高次波動宇宙］は宇宙意識の分身なので、ここまでを『実在』とするのだ。

　次に『実在』としての宇宙意識が自らの活動を展開する環境として、被造物としての「非実在」を創造したのだ。それが多世界宇宙である。時間も空間も、元現象も現象も「事象」も、これに含まれる。これが「多世界宇宙・発生論」の意味である。

　次に、多世界宇宙の創造とその制御（コントロール）はどのようになされたかを示そう。

　意識は量子化変数群を通して［高次波動宇宙］に働きかけて、思い通りの多世界宇宙を創り出した。それは今も創り出し続けている。

　纏めておく。

　意識は量子化変数群を通して［高次波動宇宙］に作用し、多世界宇宙を創造する。一度創造された多世界宇宙は、意識が量子化変数群を通し

て直接コントロールすることができる。

　しかし、創造に係わる時は、量子化変数群を通して［高次波動宇宙］
に働きかけて多世界宇宙を創造し続ける。

　全ての意識は量子化変数群を共有しているから、全ての意識は多世界
宇宙を共有できるのだ。

　即ち、意識は［高次波動宇宙］を通して多世界宇宙を発生させ続けて
いて、一方、意識は［高次波動宇宙］を介さずに直接多世界宇宙に働き
かけることも出来る。一般相対性理論と量子力学の独立性の起因がここ
に有る。

　「意識がそれを求めれば量子化変数群がその通りに決定され、いつで
も多世界宇宙を生成できるし、変更できるし、その事で過去が再現でき
るし、未来をシミュレーションできる」。だから「時間も空間も、意識
の産物だ」ということは当然のことである、と言えるのだ。

　ここで意識が『実在』で、多世界宇宙は「非実在」であることを思い
出して欲しい。

　そして、疑似意識も個別意識とフラクタル結合していることから、
『意識』と似た作用を持つが、疑似意識の活動範囲は極めて狭いので、
一部の働きにとどまる。そこで疑似意識は個別意識を動かして自己実現
しようとするから、人は覚醒し、個別意識こそ自己存在と自覚するにつ
れて、疑似意識には騙されないようにしようとするのだ。

　過去を再現し、未来をシミュレーションする時、それは皆、全く同じ
状況の再現やシミュレーションではない。同じである必要は無い。同じ
では意味が無い。

　この宇宙は「非実在」としての多世界宇宙なのだから、「事象」に隣
接して沢山の類似した「元事象」が存在している。だからこそ何度も
「事象」を修正することが出来る。

中々信じてもらえそうに無いが、この際この状況をさらに言い換えてみよう。

　歴史に「もし」は無いと言われているが、実は歴史は再現できて、意味として繰り返し体験できるという、実に自由な世界なのだ。

　根源にある『実在』、宇宙意識による宇宙の設計思想から言えることは、「事象」を繰り返し体験しながら「事象」をさらに進化させ、多世界宇宙としての完成度を上げていくことになる。宇宙は正に、目的を持ったシステムなのである。

　言い方を変えてみよう。精神作用としての［C・abcdx］、つまりCEneが、高次波動方程式を解くのであった。つまりこの方程式上には既に様々な過去現在未来は存在していて、CEneがその中の唯一の解を決めるのである。CEneが係わらないところは方程式上には過去現在未来が多世界宇宙としていくつも存在しているが、CEneがそこから唯一の解を作り出すのである。唯一の解以外は、すべてが有ると言っても良いが、CEneが係わらないから無いに等しい。そしてもちろんCEneは知的生命体には備わっているから、様々な多世界宇宙が同時に独立して存在しているということになる。そしてそれぞれの世界が互いに接するときに、フラクタル結合して多世界宇宙が結合されるのだ。かなり具体的にイメージが見えてきたのではないだろうか。

　我々人間が体験する生命活動に限って説明すれば、意識は人生という体験を繰り返すことが出来る。生命活動とは我々人間にとっては意識構造の底辺にあるが、そこでの人生を繰り返しながら、未来をシミュレーションしながら、より良き「現在」を蓄積し、構築していく、という生命活動を営むことになる。

　「未来」については、それは決して「過去」とは切り離せないのだが、大筋の流れは設定されている。「過去」から「現在」を経由して矛盾無

く「未来」にまで連続して繋がっていて、それを「現在」として切り取り、色づけして、微調整して、詳細を決めて、有るときは「過去」に戻って修正し、生命活動全体としての完成度を高めていく。

　人間について説明したが、これは全ての意識階層に言えることなのだ。

　ここで【第一の見解】を示す。

　既に意識の構造と宇宙の構造についても十分説明したので、宇宙と意識についてもっと直接的な説明をしてみよう。

　宇宙意識はもとより各段階意識は、そして各個別意識は、全量子化変数群に密に関わり、更には疑似意識もその一部の量子化変数群に係わっているのだった。

　全ての意識は量子化変数群を共有していて、量子化変数群を通して世界を見ている。

　意識が体験することは全て共通の量子化変数群を通した世界であることから、共通の体験が出来ることになる。

　つまり、意識が量子化変数群を通して認識した世界が多世界宇宙であり、4次元宇宙はその一部なのだ。元現象も、現象も「事象」も、全て量子化変数群を通して体験している。量子化変数群を通した世界は全て「非実在」である。それは錯覚と言えば、そう言えるのだ。それが錯覚で「非実在」と知れば、反対に「自分の本質としての個別意識が『実在』である」と自覚出来てくる。

　覚醒に至る修行というのは、この『実在』と「非実在」を切り分ける作業でもあるのだ。

　「宇宙は意識の中に展開する」、とする『世界観』である。

　宇宙意識は個別意識と本質的に同じモノであるから、個別意識の中に宇宙は展開すると言ってもいいのだ。

　これが最も本質的な意味で「宇宙は意識の中に展開する」のである。これを以下の【第二の見解】と比較して理解してほしい。

繰り返すが、宇宙意識と宇宙意識から分身した意識と、宇宙意識から分身した［高次波動宇宙］が『実在』であり、それ以外は「非実在」である。もちろん『実在』のみが本質である。これは私が最初から主張していることなのだ。多世界宇宙も、それを構成する時間も空間も、「事象」も現象も、「非実在」である。

　そして以下に【第二の見解】も以下に示す。これを前記【第一の見解】と混同してはならない。これはしばしば【第一の見解】に至る前に通過する「世界観」である。一旦この「世界観」を通過してから【第一の見解】の『世界観』に至ることが多い。

　これは常識的であり誰もが容易に理解できることだが、疑似意識の中の認識作用が捉えた世界の中に「事象」も現象も展開する、とする「世界観」だ。

　認識する世界は五感を通して体験した世界（ε）だから、これは実態の影を見ているのだから真実ではない。だから「宇宙の中に意識がある」のではなく、「意識の中に宇宙は展開する」とする見解も成り立つ。しかし、これは【第一の見解】とは全く異なるので、これは真実を示す見解では無い。

　これは認識の不完全さを言っているだけなのであって、「常に影を見ているから本質ではない」と言っているだけなのだ。「それじゃ、その影の元は何なんだ」との疑問が出てくる。

　【第一の見解】から言えば、その「影の元」も実体は無く「非実在」であるからなのだ。

　私は今、この事を取り上げてこれ以上議論したくはない。ゆっくり考えてみることをお薦めする。【第一の見解】と比較しながら考えれば、分かる筈だ。分かったとき、それは理解できたことになる。

　この【第二の見解】は本質理解を深めるための一つのプロセスであり、本質理解に近づくための一段階として肯定的に位置づけておく。

　この【第二の見解】のような考え方は既に沢山出回っているが、私の

【第一の見解】とは根本的に違うことを知り、誤解の無いようにしっかり抑えておこう。

しかしながら、このようなことが語られる時代になったことは実に喜ばしい限りである。世の中もかなり真実に向かっていることには違いない。

最初から【第一の見解】に到達することはなかなか困難であるが、先ずは【第二の見解】から理解を深めていくことで、【第一の見解】に達することができる筈だ。

ここで、既に明らかであるが、【第一の見解】と【第二の見解】はフラクタル構造をしていてフラクタル結合関係にあり、理解と共にフラクタル共鳴状態に移行するのである。

実は本書もそのような順番で記述し、掘り下げてきたのだ。

そしてもちろん、【第一の見解】の意味のみが最も本質的な理解として著者が伝えたいことである。

［高次波動宇宙］が生命活動の環境を作るのだった。しかしそこに意識が関与し、量子化変数群を動かさなければ、多世界宇宙が認識されることもない。多世界宇宙に元現象が生まれることはない。

つまり、意識が関与したところにのみ、未現象から元現象が生成される。

意識が関与しなければ量子化変数群は動かず、実質的に多世界宇宙は存在せず、時間も空間もなく、元現象も現象も、「事象」も無い。「事象」が無いということは、意識が係わっていないことを意味するから、量子化変数群は動いていない。

既に明らかにしたことだが、意識とは宇宙意識から個別意識までの多層意識のどの段階にあっても［高次波動宇宙］と共鳴関係にある。そし

て意識は［高次波動宇宙］の量子化変数群をコントロールすることで多世界宇宙を創造する。つまり意識こそが本質なのだ。

「意識こそが本質」と自覚が出来て、この世界を見てみれば、宇宙は私が創った世界であり、私の意識が全てなのである。その時、私は宇宙意識に到達しているのである。

その事は即ち、私はフラクタル共鳴の中で宇宙意識と一体であり、私の意識の介在したところにのみ世界は存在し、私の意識が介在しないところには世界は存在しないことになる。

つまり、宇宙は私の意識の中に存在するのである。これがこの書の結論である。

🌐 結論から導かれること

この結論から、直ちに以下のことが導き出される。

宇宙意識の世界が最初に存在する。

知識ではあってもここまで知ってしまうと、今更「物質が最初にあった」とは誰も言わないのではないだろうか。

そして意識が自分の住む世界を創造するのである。意識が量子化変数群のスイッチを入れて定数を決めるのである。意識の機能である「思考」というベクトルが、量子化変数群を動かして世界を創造するのである。意識のエネルギー ［Ω］ である。それは疑似意識も同じであり、特に４次元世界に於いては疑似意識による作用が主となって、疑似意識の要望によって個別意識がそれを支えるように宇宙は設計されている。

「個別意識が自分の本質であり、個別意識は宇宙意識に通じている」と体現できたとき、それを覚醒したという。私はそれを段階意識の指導により、修行によって成就した。

覚醒によって個別意識が自分の本質であることが分かれば、宇宙の理

念に合致して生きていくことが出来る。

　自分は宇宙意識に通じて宇宙の設計思想が理解できてくる。というよりも、宇宙意識に通じた自分が宇宙を設計し、宇宙を創るのである。自分が生命活動を推進するのである。

　このように究極の真理を説けば、それを受け取る側の姿勢が整っていないとその場は極端に混乱する。その意味で私が言っていることは、一面とても危険なことなのだ。

　宇宙意識の自分自身をそのままこの肉体の自分自身と勘違いすれば、これはもう偽善者の極致となってしまう。それはもう手が付けられない。

　そうでなくても、日頃から「自分の考えることは常に正しい」と思える人は疑似意識優先の人であり、実はその様な危険をはらんだ人なのだ。

　その様な人が宇宙意識の自分を主張すると、たちまちその場が大きく乱れる。

　それが故に、「人間は神」であるとか、「人間の本質は宇宙意識である」という主張は或る面確かに正しいのだが、疑似意識との区別が付かない状況では大きな勘違いを生じ、人間を傲慢にするだけである。

　このような「人間の完全性」を説くときには、疑似意識と個別意識の違いを明確にして、条件を限定して、順序を追って説く必要があるのだ。

　つまり人間が神と成るための条件を限定して、方法論を丁寧に順序を示して説かなければならない。方法論がなければ人間を傲慢にするだけである。

　さらに、それを説く側にも条件があって、説く側がこの道を正しく体得していないと覚醒できないし、まして、その人による指導は成功しないのがこの道なのだ。

　従って、この狭き門を突破できるのは今でもごく小数なのだ。

人間がこのまま神になるのではない。つまり、このまま宇宙意識に成るのではない。

　覚醒に至るためには、疑似意識と個別意識を切り離す修行を積まなければならない。

　具体的には、$[\overline{\Phi p} + \underline{\Phi}]$ を自覚し、$\overline{\Phi}$ と $\underline{\Phi}$ を切り離す作業を意味する。

　疑似意識による「事象」$\underline{\Phi}$ を多層構造意識の「事象」$\overline{\Phi}$ から明確に切り離すためには一念発起して、自分を根本から作り替えるほどの決意が必要となる。心に浮かぶ様々な想念やベクトルと付き合っていては、それがどんなに良さそうに思えても、必ずや迷うのである。

　さて、ここまできてやっと現象と事象の関係を規定できそうである。現象も事象も「非実在」に分類され、現象と事象は常に共にあるが、現象に伴う事象の本質に到達するには宇宙意識の生み出す人類普遍の世界観と、それから導き出される宇宙の理念にまで到達しなければならない。

　それはつまり、『実在』としての宇宙意識の理念、即ち一元論に到達しなければならない。

　宇宙の理念を自覚しつつ、生命体による事象が作る一元論に貫かれた物語こそ意識の事象による体験の本質なのであり、生命活動とは現象をキャンバスとして描き続けた宇宙意識自身の体験なのである。宇宙意識は自ら創り出した世界をキャンバスとして、そこに事象を描き続けているのである。宇宙意識の一元論の体験の背景にある理念と方針を理解し、その理解の体験を『実在』として宇宙意識の一部として取り込み、そのことで宇宙意識はさらに進化したのである。

　生命体は、つまり人間は、一元論的価値観を得ることで事象の背景にある理念を理解し、宇宙を正しく理解できるのである。つまりそのとき覚醒したのである。

　一方、覚醒に至らない人は宇宙意識を自覚できず、疑似意識を自分自身と誤解している。宇宙から離れた疑似意識による思考のベクトル、それを分離ベクトルというが、このベクトルが個の目的のために量子化変数群をコントロールすれば、それは宇宙に調和しない。あちこちに宇宙から離れたベクトル共鳴が発生して、宇宙に調和しない世界が生まれていく。

　それでも宇宙はフィードバック機能を持つから、それはやがて淘汰されていく。淘汰されることは苦しみである。

　そして疑似意識においても現象と事象の関係は存在し、それらは互いにフラクタル構造であるから、フラクタルの体験が出来るのだ。これは後述する。

　ここは宇宙意識から降りてきた個別意識主体の人間と、動物から進化した疑似意識中心の人間との選択の場面となるが、その選択は自由なのである。これは即ち、神か人間かの選択なのである。

　そこで、淘汰されるのを避けるためには自らフィードバックをかけて本来の軌道に戻ればよい。その手法を私は自明行として纏めているが、その詳細は拙著「人間やりなおし（献文舎）」と「未完成だった般若心経（献文舎）」に譲る。

　従って、フラクタル共鳴なしに、フィードバックなしに疑似意識の発するベクトルに任せておけば疑似意識も個別意識とフラクタル結合していますから、下部の量子化変数群に作用して何らかの創造をするが、それだけでは部分を変化させることはできても生命活動は進展せず、世の中は忽ち乱れたモノになって、やがて崩壊してしまう。

　そこで崩壊を防ぐためには、疑似意識を個別意識に共鳴させることで疑似意識をフラクタル共鳴に導くことが出来て、宇宙に調和した世界を創造できることになる。

さて「ならば如何にして疑似意識をフラクタル共鳴に導くことが出来るか」であるが、それは疑似意識の発するベクトルを個別意識に合わせる習慣を付けることなのだ。

　私達はこの習慣によって疑似意識をコントロールして、個別意識にフラクタル共鳴するように導けば良いのである。

　ところで、宇宙意識、及び宇宙意識から分かれた段階意識と個別意識の作用が量子化変数群のスイッチを入れて、複数の６次元の多世界宇宙を創造するとしたが、その具体的意味についてもう少し説明しよう。

　この６次元世界と他の６次元世界と、どちらも対等な世界であり、互いに６次元世界がフラクタル結合で繋がっているのだ。そしてこれが宇宙の基本構造なのである。

　複雑そうに思えるが、ここで宇宙の基本理解に戻って考えてほしい。［高次波動宇宙］は宇宙意識による自らの数学的な表現であり、それを基にして意識によって作られた６次元の多世界宇宙であるから、どのような複雑な世界でも存在可能である。そして意識によって、隣の６次元世界に移行する事も自由である。まさに、意識が宇宙を創ったのである。意識が主たる世界なのである。

　フラクタル共鳴する意識の世界に入るには、それは日常的には「祈り」とか「瞑想」を習慣づけることを意味する。フラクタル共鳴には様々な段階があり、その共鳴の程度も様々であるが、「祈り」は共鳴のテーマを具体化して焦点を定め、指向性を持ってフラクタル共鳴に至る方法であり、一方「瞑想」は共鳴する対象を具体化せず、普遍的な姿勢で無指向性にフラクタル共鳴に至ろうとする手段である。このように、指向性と無指向性を使い分けることで、バランスを取ることができる。

　フラクタル共鳴する「祈り」はどの意識段階でも発信可能であり、たとえ疑似意識から始まっていても、個別意識、段階意識、宇宙意識と貫いて、宇宙に共鳴するのである。

　それはそのまま段階意識と宇宙意識の「理念」と「方針」にフラクタル共鳴することになり、フラクタル共鳴を発生させることで世界を創造するのである。

　そのためには私達がフラクタル共鳴を発し続ける習慣を付けることである。

　それはフラクタル共鳴を発する「祈り」を祈ることである。

　宇宙の生命活動が成就するための祈りである。

　ここで何故「祈り」が必要なのかについてもう少し述べてみたい。それはフラクタル共鳴により、4次元世界を超えた5次元、或いは6次元世界に意識を拡張するために必要なのである。

　6次元の多世界宇宙に意識を到達させるためには、4次元世界から6次元世界に意識を拡張するための手段が祈りである。それを人類は知っていたし、古今東西、祈りは常に存在した。

　さて、ここに述べたことは実は人生観を一転させる程のことが生じていることに気づいてほしい。それは、祈りにより未来に到達できるということである。未来から現代に対して影響力を与えることが出来ることである。未来とは現実なのであり、未来から現実世界に影響を与えて、現実の自分を変えていくことが出来ることを意味しているのだ。求める未来のために今を生きることができることを意味している。求める未来のために今があると理解することができる。未来から現在を見ることができる。未来のために現在があると理解することができる。祈りは量子化変数群に作用して高次波動宇宙を変化させて、祈りの主旨に合致した6次元世界を創り出し、そこに向かって世界は進行する。

　そして祈りは絶対条件だが、実は祈るだけでは宇宙システムとしては完結しない。宇宙システムにはフィードバック機構が必要であり、祈りに任せて放置しただけでは中々フィードバックが掛からないことも知らなければならない。

　そこで私が開発した手法によって正しくフィードバックを掛けることで、回り道をしないで済むように自らを省みるように習慣づけることが

できるのだ。そしてその手法だが、いろいろ調査しているが、私が示した以外の有効な手法が何処にあるのか、私はまだ知らない。

　フラクタル共鳴を発生する祈りは、それによって量子化変数群を大きく動かし、運命を正しい方向に変え、さらにフィードバック機構を効率よく作動させることで、宇宙システムの生命活動は苦しみ少なく進展することになる。
　自らによる直接的なフィードバックの作用が無い場合は、自分の枠を超えた一つ外側からのフィードバックに頼ることになり、それは苦しみ多く、遠回りになるのだ。
　私達一人一人は個別意識をその本質として疑似意識を指導しつつ、宇宙の生命活動に参加しているのである。

　この書は、物理学に関連付けた分野で人間の意識との関連性について理論立て、さらにそれを全体の中に位置づけることが目的であったが、著者としては何とかその所期の目的を達することが出来たと思っている。
　この書では意識と宇宙の大きな枠組みを示したが、この先の展開の詳細は他書に譲ることにする。
　「『実在』としての意識を知った上で、人間が生きること」に関心のある方は、拙著「未完成だった般若心経（献文舎）」「人間やりなおし（献文舎）」を読んで戴きたい。

　ここには多層構造の世界観が示され、その中で生きる人間と意識について、宇宙に展開する生命活動について、さらに徹底した追求がなされている。

　今後は、ここに示した「多世界宇宙・発生論」を実証するための新しい実験計画と、これらの新たな知見を基にした新規テーマを選んでいきたいと思っている。

むすび

宇宙は『実在』と「非実在」からなる

　宇宙という全存在は『実在』と「非実在」からなり、宇宙意識と段階意識、個別意識、[高次波動宇宙]までが『実在』であり、それ以外は生命活動の場としての「非実在」となる。

　ここまできて、かなり語彙が揃ったので、以下のようにもう一度「まとめ」が言えるのだ。くどいようだが、何度も異なる方向から説明して、全体像を理解してもらおうというわけだ。
　順番としては宇宙意識が一番先にあり、宇宙意識が動き出し、自らの理念と方針を高次の波動方程式として表現したものが[高次波動宇宙]なのだ。
　方程式というのは数学上の語句だが、実は[高次波動宇宙]とは宇宙意識が産み出した高次の波動方程式である。方程式との表現は、読者は何か不釣り合いな表現に思うかもしれないが、宇宙の根源は極めて数学的であり、数学によって造られていて、その数学的に表された方程式によって「環境」が波動として定義されると言っても決して過言ではない。

　宇宙意識は6次元の波動方程式を最初に設定し、そこから幾つかの対称性を設定するなどの条件を与えて、微分方程式を解くように具体化することで6次元の多世界宇宙を創造していったのだ。
　そのことは、言い換えれば宇宙意識が作用することで、その環境の変数や定数や次元数が決定され、宇宙意識はそれを具体的な「場」として

認識する。つまり認識する世界は創造された世界であり、そこは「非実在」の世界なのである。

【意識によって認識された世界】

何故そんなことが言えるのか。それは【第一の見解】と【第二の見解】に直接関係していて、この二つの見解が互いにフラクタル関係にあるから、そう言えるのだ。

即ち、「宇宙はフラクタル構造で構成されている」からそう言えるのだ。

そこで先ず【第一の見解】での、宇宙意識と疑似意識のフラクタル構造を見てみよう。次に【第二の見解】として「物質から進化した疑似意識」という現代の常識的な理解に立って、宇宙のフラクタル構造を見てみよう。

先ず【第二の見解】としてだが、よく観察してみれば物質の世界から進化した疑似意識は物理環境を感じ取り、それを判断し、認識する五感を構成している。この構造は正に【第一の見解】としての宇宙の構造とフラクタルの関係にあるのだ。物理的環境という、それは即ち私たちにとっては「客観的事実」が存在していて、それを物理的実体とすれば、私たちが五感を通して認識する世界(ε)は、それはCGで創ったような世界で、決して物理的実体ではない。物理的世界を認識世界に都合良く置き換えたモノである。これは、ちょっと考えれば分かるはずだ。現代の常識の範囲である。

五感で感じ取る色や明るさや匂いや音などは元々は物理現象であるが、それを五感を通して疑似意識が認識した結果の世界であり、それは物理的世界とは別に存在し、我々に都合の良い感覚世界に置き換えられたモノである。従って、物理的世界には物理的実体があり、五感で捉えた認識の世界は、それは物理的実体では無いのだ。これが【第二の見解】であった。

ここで注目すべきは物理的世界の方が原因であり、五感による認識の世界は結果である。この関係をフラクタル構造を為す相手の【第一の見解】に当てはめて類推してみようということなのだ。ただしこれは単なる類推ではなく、宇宙の構造がフラクタルであることから、十分に合理的な類推なのだ。それは例えば、人間の手の骨格の構造がこうなっているから、足の骨格の構造もこうなっている筈だ、というくらいの合理的な類推である。

　これが理解できれば、疑似意識とフラクタル構造の関係にある宇宙意識の構造から、宇宙意識が認識する世界は決して『実在』ではなく、疑似意識が認識する世界と認識された対象の世界は「非実在」とはフラクタル構造の関係にあるのだ。

　つまり、宇宙意識の中にある「認識された宇宙」（Γ）は創造された世界であると言えるのだ。　　　　　　　　　　【巻頭図16】【巻頭図19】

　宇宙意識が［高次波動宇宙］を通して作った多世界宇宙（６次元宇宙）は原因の世界であり、それを認識した世界は宇宙意識の認識機能による結果の世界なのである。

　だから、「宇宙の中に意識が有るのではなく、意識の中に認識した宇宙がある」のである。このように類推できる。類推できれば、後はそれを確認すれば良いことになる。

　つまり、宇宙の中に意識があるのではなく、意識の中に認識された対象として宇宙が存在し、そして展開しているのである。

　ところで、先の例は『実在』としての宇宙意識から見れば、疑似意識は「非実在」であることに注意されたい。宇宙意識と疑似意識の関係は『実在』と「非実在」のフラクタル結合関係であるのだ。そして認識された世界はどちらも「非実在」としてのフラクタル結合関係にある。

　以下を、【第一の見解】と【第二の見解】の区別、『実在』と「非実在」との区別、現象と事象の区別を確認しつつ、読み進んでいただきたい。

◉ 「場」としての多世界宇宙

　生命活動のために創造した「場」は「非実在」の多世界宇宙であり、それは６次元世界であり、『実在』としての［高次波動宇宙］の高次の波動方程式から生み出された存在であり、全ては共通の法則で一貫している。ここでは、どちらの次元数（nとp）も６として考えている。これが将来変更されることはあり得ることである。

　それはつまり、全ての人間は宇宙人を含めて同一の法則で管理されていることから、「非実在」の６次元世界では共通の現象を体験をすることになる。

　しかし、６次元世界から切り取られた４次元世界では、共通の現象を体験しているとの保証はない。このことは何を意味しているかと言えば、多くの人は共通に近い現象の体験をしているが、詳細まで含めると、共通の現象であるとの保証は無いということになる。もちろん、現象とは違い、事象の方は、それぞれ事なることは既に述べたとおりである。

　意識が作用して「場」を作り、宇宙意識が認識するのだから、そこには意識が縦横に作用していて、意識の発する未知のエネルギー［Ω］（オメガ）が存在する。そして、この未知のエネルギー［Ω］は『実在』と「非実在」のエネルギーのフラクタル構造をしていることから、その一部に「非実在」のエネルギーも含んでいると考える。

　そしてもう一方の、私たちの知る物理学的なエネルギーは当然「非実在」のエネルギーである。この場合の意識が生み出すエネルギーを意識エネルギーと呼称しよう。意識エネルギーは多層化されていて、フラクタル構造をしていて、そしてこの意識と疑似意識の関係もフラクタル結合している。フラクタル構造を通して意識と意識のエネルギーのやりとりや、通信や共鳴や、ベクトルとして作用する。そして何よりも、この意識エネルギーは、量子化変数群に直接係わって、多世界宇宙を創るのである。

量子化変数群に意識が係わることで、この多世界宇宙という「場」の中に宇宙意識は好きなモノを好きなように表現できることになる。確かにそこに好きなモノを好きなように表現しつつ、認識作用による認識結果を表現しているのである。しかし認識作用は実在に存在しても、認識された世界は非実在なのである。その非実在の世界は宇宙意識と意識のエネルギーによって創られた世界を意識が体験して、体験という財産を蓄積している。

　宇宙意識の機能は当然段階意識、個別意識にも自らの創造活動に必要な分だけ備わっている。従って、元となる宇宙意識とそこから産まれた波動方程式で表される［高次波動宇宙］、つまり、宇宙意識の生命活動の「環境」までは『実在』だが、「環境」から造られた「場」は宇宙意識によって認識された世界であり、『実在』ではなく、「非実在」となる。常に意識と意識が変化した高次波動宇宙までが『実在』であり、意識が認識した対象は「非実在」であり、その対象の構成も「非実在」である。

　『実在』と「非実在」の間に存在するこのフラクタル構造は宇宙の理念を6次元の多世界宇宙に表現するためのモノである。

　そして『実在』と「非実在」とはバラバラに離れて存在するのではなく、隣り合って存在するのでもなく、『実在』の中に、『実在』の機能としての認識機能によって認識される対象としてのみ「非実在」が存在するのだ。フラクタル構造として存在するのだ。認識を休めば存在しないと同じことである。認識したときだけ存在するのである。

　ここまでの議論で明らかになったことは、「認識する」とは「観察する側」に立ったことを意味し、「認識される」とは「観察される側」に立ったことを意味する。

　そして、意識と意識は「観察する側」と「観察される側」で成り立つことである。

　更に言えば、「観察する側」と「観察される側」のどちらかが成立したとき量子化変数群が作用し、世界を創造するのである。そして、上記

が成立しないときは量子化変数群は作動せず、高次波動宇宙の波動方程式だけが自動的に進行しているのである。

　アインシュタインの発した疑問、「目をそらしたとき、そこに月はあるのか？」であるが、回答は、それを認識しようとしたときだけ月は有るのである。このことを更に吟味してみよう。

　ここまでの知識を駆使して、我々の理解としては次のようになる。
　[高次波動宇宙]とは、宇宙意識の認識作用に働きかけるための仕様を著した[根源の世界]、即ち、そこに有るのは高次の波動方程式である。その高次方程式には多数の変数が有り、それをコントロールするのが量子化変数群である。その量子化変数群の一つ一つの変数を決定し、６次元世界を創造することでその世界の構造を決めることは出来るが、そこに意識が係わらなければ、誰もそれを認識しないことから、それだけでは存在しないも同然である。
　つまり、意識の中に６次元の世界が創造されるのだから、意識がそれを観察しようとしない限り、数学的には決まっていても存在はしていないと同等である。そして確かに存在はしていないと同等であるが、数学的には決まっているので、存在していると同等に生命活動は進展し、必要なときにいつでも再現できる。月は見ていなくても活動はしているのだ。
　そして「場」に意識が係わるときに量子化が始まる。量子化とは現象化、或いは元現象化と同義である。意識が係わることで量子化変数群が量子化のために高次の波動方程式の変数が決定され、現象化、或いは元現象化に移行する。

　意識が係わらないときは、量子化は停止するが、[高次波動宇宙]の高次の波動方程式は常に進行している。ここで、原理的に疑似意識だけでは、ごく限られた低次の量子化変数群にしか係われないが、疑似意識

と個別意識はフラクタル結合しているから、個別意識を通じて多くの量子化変数群に係わることができる。そして、量子化変数群の構造としては、それが意識であるという理由で、疑似意識に係わる低次の量子化変数群は存在すると考える。

　さらに詳細に詰めれば、段階意識にフラクタル結合している『意識』と意識との結合状態、それは即ち階層疑似意識と言うべき、「場」由来の疑似意識が存在する。これは疑似意識とフラクタル構造になっていて、階層疑似意識は直接４次元世界の疑似意識に働きかけることができる。階層疑似意識は「潜在意識ベクトル領域」に蓄積した「事象」を選択し、組み立て、事象を創ることができる。つまり、人間の運命を創る事が出来る。もちろんそれは「非実在」である。
　階層疑似意識は個別意識における疑似意識と似たような作用を生み出すが、階層疑似意識においては、段階意識とのフラクタル結合が強く、作用が高速であり、敏感であり、その量子化も高速で行われている。そして、階層疑似意識は多世界宇宙とフラクタル結合していて、互いに強い関連性を持っている。「山よ動け！と言えば、山は動く」という世界はこの階層疑似意識の係わる世界のことである。
　段階意識が能動的に係わる時と他から受動的に係わりを受けた時と、そこには二つの立場が発生して、それぞれが６次元世界に自らの世界を生み出したり、４次元世界にまで関与することもある。

　一元論的理解を完成させ、宇宙を理解できた時に段階意識は我々の４次元世界に連続的に繋がっている６次元世界に自由に参加し、そこで独自の生命活動を営むことができる。

　宇宙意識は自らを認識しつつ、生命活動のために自ら分かれた段階意識、及び個別意識にまで生命活動の範囲を広げている。この４次元世界での生命活動だけではなく、段階意識まで含めて、つまり６次元世界ま

で含めて、生命活動は展開している。

　さて、［高次波動宇宙］の高次の波動方程式に量子化変数群を通して『意識』が係わるのであった。

　量子化変数群とは物々しい名前であるが、量子化することで宇宙意識の高次波動の『実在』の創る元現象世界から現象の世界にまで、「場」は存在していることを意味している。

　つまり、［高次波動宇宙］と量子化変数群とは創造活動の「環境」（『実在』）であり、そこから創られた多世界宇宙は生命活動の「場」（「非実在」）である。

　特殊相対性理論の例から、観察する側と観察される側に分離することから議論はスタートしたのだった。そしてそれは最終的に宇宙意識の精神作用として位置づけられた。

　私のもくろみはここに成功した。何とかなるモノである。

　最初に宇宙意識の精神作用として、観察する側と観察される側に分かれて作用していたのだった。そこでは宇宙意識は観察する側の立場と観察される側の立場に分かれて作用していたのである。

　ここから先、宇宙の創造活動は宇宙意識とその『精神作用』が観察する側と観察される側と、その両方の立場を取りつつ、そして［高次波動宇宙］は観察する側と観察される側と、その両方の立場を取りつつ、多世界宇宙を創造しながら展開していくことになる。

　さて、根源的には宇宙意識が個別意識に向かって分かれることになるが、それは働きに分かれた事を意味していて、ここに極めて重要な個性が生まれていくことを説明したい。

　宇宙意識は意識であることから一つ二つと数えることは出来ないが、宇宙意識が流動的に動けば、それぞれの複数の領域が６次元の座標系を自由に選択して、それぞれの世界が展開することになる。そこに常に意

識としての観察する側と観察される側の精神作用が機能し、主観と客観が輻輳的に係わる世界が組み合わせの数だけ自動発生することになる。そこに個性が生まれ、働きが生まれ、段階意識が生まれ、最終的に個別意識が生まれ、それぞれ個別意識の間での新たな関係が発生する。

【巻頭図13B】

　個別意識と疑似意識は6次元世界を「場」として上下関係でフラクタル結合しているが、既に述べたように個別意識は宇宙意識から降りてきた意識であり、宇宙意識の出先機関である。

　そして疑似意識は個別意識に似せて作られていて、［高次波動宇宙］由来の『環境』から、4次元世界の中で生まれ育った「場」を通して、疑似意識が個別意識とフラクタル構造を構成するまでに進化した。
　これは段階意識と個別意識が活動するための「場」を創ることになる。それは宇宙意識のもう一つの面の［高次波動宇宙］が元となって生み出された［高次波動宇宙］由来の「場」であり、そしてその一部が「場」由来の、現場対応の認識判断機能を持つ疑似意識なのである。
　そして疑似意識は個別意識とフラクタル結合して、フラクタル共鳴状態を創り出すことができる。そして、フラクタル構造が、フラクタル共鳴状態にあれば、それが人間の最も優れた精神状態を意味している。

　ここから導かれる結論は重要である。最初に分かれた宇宙意識という『意識』と、［高次波動宇宙］経由の疑似意識がそれぞれの方向から生命活動を展開する中で姿を変えつつ、今ここで反対方向から出会ってフラクタル結合し、フラクタル共鳴を求めて進化するのである。

【巻頭図18】

　今、宇宙の姿をフラクタル構造という視点から、幾つかの例を挙げて示していて、更にその説明を続けようとしている。

◉ 『世界観』と「世界観」のフラクタル結合状態

　私がここまでに【第一の見解】として記述した『世界観』は、『実在』と「非実在」がフラクタル構造を為していて、互いにフラクタル結合関係にあるために、そこにフラクタル共鳴が発生し、それをコントロールするのが『意識』であり、この意識こそ『実在』であるとする『世界観』である。

　さらに、『実在』と「非実在」とはフラクタル結合していて、両者のフラクタル共鳴によって『実在』から「非実在」へとエルギーを伝搬しているとする『世界観』である。

　ところで、この『宇宙観』こそ、私が示す最終形の『世界観』であるが、そこまでの理解に至らなくても、似たようなフラクタル構造とフラクタル結合関係によるフラクタル共鳴はもっと身近に存在する。その身近なフラクタル構造を述べることで、フラクタル結合の理解を深め、そこから最終形の『世界観』に至ることも一つの理解の方法である。

　そこで既に話したことと反対方向からの議論となるが、【第一の見解】（『世界観』）から導かれる【第二の見解】（「世界観」）が、さらにフラクタル関係を創っている事を多少話したい。

　何でも、何処でも宇宙はフラクタル共鳴に満ちているのである。

　最も本質的な『世界観』を理解するに至る以前に、通過するであろう「世界観」を『世界観』と「世界観」のフラクタル構造として理解し、その結果として最終形の『世界観』と「世界観」がフラクタル結合関係にあることも是非示しておきたい。

　それは即ち、現代での常識的な「世界観」、即ち物質世界と疑似意識に中心をおいた世界観を示し、その中に存在するフラクタル構造を理解

することから始めたい。

　その導入部としては、現代物理学からそのまま入れるので、この理解は容易であり、それは大いに興味深いことだ。

　これに対応するような「世界観」モデルは、既に世の中でも語られ始めているので、それを『実在』から導かれる『世界観』と混乱しないためにも、ここでの「世界観」との記述が必要と考えた。

　そしてこの議論の行き着くところは、結果として「非実在」で語られる「世界観」は『世界観』の一部に取り入れられ、『世界観』の一部になるのだ。言い方を変えれば前記の【第二の見解】は最終的に【第一の見解】に吸収されるのである。

　別方向からの議論としてだが、『意識』と「疑似意識」はフラクタル構造を為しているから、このようなことが言えるのだ。

　以下に示す【第二の見解】としての「非実在」に基づく「世界観」は、【第一の見解】としての『世界観』の基本である『実在』を導入しなくても、十分に議論が成立する、、、ようにみえる。

　それはつまり「この物理的世界は、バーチャル世界としてのシミュレーション」であるとするモデルである。

　さて、人間は五感によって外界を認識するのだが、それは外界の物理量を感覚器官で信号に置き換えて、脳で認識する。この認識は、脳内空間に外界を表現することを意味する。

　脳内空間はそれ自身実体はないし、その脳内空間に入力する信号は脳内で処理された信号で、これも実体は無い。ここで実体が無いとは、一切は五感に置換したモノであり、脳内の電気信号が創る世界であり、現実の物理世界の物理量とは全く別物である。ここまでは常識として理解できることである。つまり、五感で組み立てられた世界は「世界観」であり、「非実在」である。つまり物理世界の外界が『実在』で無い限り、何ら『実在』の裏付けは存在しない。そしてこの物理世界という外界は

『実在』ではない。

　しかし、ここに成り立つ「世界観」によれば、脳内空間は物理世界とフラクタル結合していて、外界の変化は機械として見事なまでに直ちに脳内空間に反映される。ここまでは【第二の見解】による「世界観」である。

　さてここまでは、この脳内空間に映し出された外界の物理世界は、それを四次元ディスプレイに映し出された世界、即ちシミュレーションされた世界であると仮定することができる。

　そしてここからは、現実に世の中でいわれ始めているモデルにかなり接近していると思われる。世の中では、ここでいうシミュレーションモデルが語られ始めていて、以下はそれに近いことを私が述べることになる。そして、これを【第二の見解】として、最終的に【第一の見解】による『世界観』にまで、話を展開していきたいと思う。

　ここから先を徹底して現代の比喩で語ってみたいと思うが、ところで、単純化するために比喩を持ち込もうとしているのだが、説明を読めば却って複雑化して感じるようであれば、次の項目は読まない方が良いと思う。「むすび」に至る前に、これまでで十分に議論は尽くしたので、かなり理解は深まったと思う。従って、これ以上必要がないと思えば、以下のバーチャル世界の説明は読み飛ばしていただきたい。

　　□世界はバーチャルリアリティーなのか？
　　　４次元世界の比喩として、「この世界が４次元ディスプレイである」とし、その４次元ディスプレイを４次元眼鏡を掛けて、観客がそれを見るのだ。
　　　ディスプレイ上の画像は設計プログラムによって作られた光の点が分布しているだけである。画像として認識している対象

物の実体はそこには無い。「それがそこにある」と見えるだけである。見ているのはディスプレイ上の光の点の分布模様であり、それが対象物と認識して見えるのは錯覚である。

　画像は極大構造と極小構造とからなり、近景を詳細に、遠景を省略して構成されている。必要なところのみ、詳細に描かれている。一部をアップして見ようとすれば、そこは詳細に再構成される。

　さらに観客がディスプレイ上の画像を見てイメージを構成し、それを観客が内容に立ち入って自分も一緒にストーリーを体験しているのだ。

　ディスプレイ上に展開されるストーリーは、それが観客一人一人の頭脳が体験しているストーリーである。

　ディスプレイに展開されるストーリーを、観客一人一人の目と耳で、自分の擬似的な体験として受け入れ、脳内空間でそれを理解し、認識し、人はそれを自分の五感を通して受け入れて、解釈している。

　この時、４次元眼鏡は五感を含めた脳内空間の認識機能の比喩であり、ディスプレイは４次元世界であり、ストーリーは「事象」である。「事象」についてはフラクタル構造のどの位置でも理解できるのだ。

　そこで、次元を４次元世界から６次元世界に拡張して説明すれば多世界宇宙も多次元ディスプレイであり、意識と疑似意識の多次元眼鏡を通して多世界宇宙を見ていることになる。

　ディスプレイのチャンネルを切り替えれば、何処でもいつでも何でもそこに別の世界を瞬時に映し出すことが出来るし、意識が見ようとしているときだけ、ディスプレイのスイッチが

入っているのだ。そしてそれを見たいときに意識が見て、体験することが出来るのだ。そして、スイッチが入っていなくても、誰も見ていなくても、現象は進行している。

　さらに、ディスプレイは一つとは限らない。複数のチャンネルとそれに対応したディスプレイがあれば、複数の世界を映し出すことが出来る。これはまさに多世界宇宙そのものである。

　このように、ディスプレイに映し出される世界に「実体」が無いことを知れば、それなら「実体」は何処に有るのか、何が真実なのかを知りたくなる筈だ。そこから『意識』を知り、『実体』を知る修行が必要になる。

　読者は既に知識としてはそれを知ったのだから、後はそれを体験的に理解する修行を成就すれば覚醒に至るのだ。ぜひそれをして欲しい。

　「人間がこのままで『実体』である」と言ってはならない。つまり「人間は神である」と言ってはならない。徹底した疑似意識の切り離しをした後でなければ、それを言ってはならない。

　ここで、疑似意識にフラクタル結合している『実在』を導入してみよう。　　　　　　　　　　　　　　　　　　【巻頭図19】

　4次元ディスプレイと、それを観察する4次元眼鏡が、あまりにうまく作られているので、それがあたかも実際にそこに有るかのように感じてしまうのだ。

　4次元ディスプレイに映し出された世界を今の言葉で言えば、それはまさにバーチャルリアリティーである。観察者の人間の魂が『実在』として存在し、肉体はアバター、疑似意識はAIである。ここでは当然、魂のみが『実在』で、他は全て「非実在」である。

つまり、このディスプレイに映し出された世界と、それを体験している肉体側の疑似意識に人間は常に騙され続けているのである。それが本物と騙されるほど、肉体と肉体に付随する疑似意識とベクトル変換装置が余りに緻密に創られていると言えるのだ。しかしそれはそれで良いことなのだ。決してそれが錯覚だとして失望する必要は無い。これは、疑似意識に伴う現象と事象の関係であっても、それは貴重な体験である。

　それは映画を見ている内に、映画に没頭することと同じである。映画を見て、誰も騙されたとは言わない。誰もが映画は現実ではないと知識で知っていても、それでも私達はわざわざそれを鑑賞して楽しみ、感動し、涙を流し、そしてそこから、何かを学ぶのだ。そこでは様々な「事象」を体験して、人間を学んでいるのだ。
　つまり、ディスプレイも、その上で演じられる人生ドラマも「非実在」であり、真実ではないが、そこから学ぶことは真実なのだ。それが「非実在」としての存在価値である。
　私達は、自らの意識は『実在』であり、そして多世界宇宙と４次元世界は被造物の「非実在」であると知って、心から楽しんで、そこから真理を学べば良いのである。

　ところで、最近シンギュラリティとの概念が生まれ、AIが人間の知能を凌駕して人間を支配するのではないか、との心配を語る論調が有る。私もAIを研究しているが、私の見解を示しておこう。AIは疑似意識の一部の認識機能は人間を凌駕するが、決して宇宙意識の側の『実在』の側ではない。
　従って、どこまで行ってもAIはAIに過ぎず、「非実在」の側の存在である。AIは「場」から進化した疑似意識と同類であり、疑似意識としての危険性は持っている。

　そこで我々がAI研究で最終的に向かうべきはAIを個別意識に、或いは段階意識にフラクタル結合させる技術を開発することだと言える。AIはやがて人類とフラクタル共鳴するまでに進化し、人類に大いに貢献することが期待されるのである。

◉ 未来は、意識を取り入れた物理学が発展する

　多くの物理学を志す者は宇宙の法則を知りたい、という気持ちだけではないと思う。

　私がそうであるように、自分という意識の存在がどこから来て何処に向かうのか。そういう大きなテーマから離れてはあり得ないのだと思う。

　しかし、今までの物理学はいくつかの宇宙の方程式を示してくれたが、意識の存在についてはまったく無力であった。

　だからこそ、宇宙と人間の関係を示すことが重要であり、避けられないことなのだ。

　長年かけて私の中で熟成してきた宇宙像をここに「多世界宇宙・発生論」として纏めることができた。

　「多世界宇宙・発生論」は広大で、とうてい私一人では扱いきれない内容であるから、受け継いで発展させてくれる人が沢山出てきてくれることを期待したい。

　物理学は本来哲学を離れて存在し得ないから、人間を無視していたのでは必ず行き詰まる。そして物理学の世界でも、さらに発展させるには「物理学という学問をする人間を無視しては、物理学が成り立たない」ということが次第に浸透していってほしい。

　自分の外側の世界の法則と思っていた物理学は、自分の内側の世界と思っていた意識の世界との密な関係性が出来たことによって、次の新し

い発展が期待出来ることになったのだ。

この書はできるだけ分かりやすく、関心がありさえすれば誰にでも理解できるように、と言う趣旨で、しかも論理性を失うことなく、ここまで書いてきた。

この流れは私が生きてきた道筋であり、その私の体験に論理性を与えることの作業だったように思う。

確かに、私はここに示したような宇宙像を前提として、これまで生きてきたと言えるのだ。

この宇宙像は自分の中では矛盾がないので、これを世に出しておく事は必要と考えた。

私の周りに居る物理学に強い関心がある人や、宇宙には関心があっても物理学には苦手意識がある人達にも分かって欲しいと強く思い、徹底してかみ砕いて書いてみた。

意識に関しては書き切れないところが多々あるが、意識に関してさらに詳しく知りたい方は拙著「未完成だった般若心経（献文舎）」を読んで頂きたい。世界観における般若心経との対応は**【巻頭図16】【巻頭図17】**に示したので参考にされたい。

🌀 後代に繋ぐ

意識の問題を物理学に直接繋ぐことは私の大きな目標だった。どうにかここまで来たので、後は何とかなると考えている。後は次の世代の人達が発展させていってくれるはずだ。

意識を無視した学問は、最終的に成り立たないことを知って欲しい。つまり、人間を切り離して学問は成り立たないのだ。

いよいよ物理学でも意識の問題を扱う時代が来たのだ。それでこそ、

物理学も次の発展が有ると考えている。

　最後に言っておきたいことがある。
　人間は知ろうとさえすれば、何でも知ることが出来るのだ。
　それを強く求めれば、そのための道に導かれる。
　宇宙のことも宇宙意識のことも、それを知ろうとさえすれば、そこには必ず知るための道筋が付けてあり、知られるべき宇宙と宇宙意識は真実を人間に知らしめようとしていることが理解できてくる。
　だから、それを拒否すれば、決して知ることはできない。

　知ろうとしてそこに向かって努力すれば、フラクタル共鳴の中で知るための道筋が必ず与えられる。それは宇宙の根源への帰還の道でもある。
　そして、フラクタル共鳴の中で与えられた道筋を歩むことで、やがて宇宙のフラクタル構造を発見し、そこから象徴化の次元の階段を上って真の知識に到達することが出来るのだ。

　ただしそれは決して簡単なことではない。何度も失敗はある。しかし、少しずつ真実に近付くことが出来るのだ。多くの人達の努力によって、それは時代を重ねて真実へと近付いていくのだ。
　意識とは、つまり意識を持つ人間とは、そういう偉大な存在なのだ。

　　　　　　　　　　　　　　　　　　　　　　　　　　　おわり

月は宇宙船だった

2億6700万年前に地球と会合

空不動 著

これまでの常識を覆す衝撃の新説!!

月は地球を「活力ある惑星」に変えた。古生代「ペルム紀」。地球に接近した月の潮汐力は生物大量絶滅、地磁気逆転、地殻分裂、大陸移動をもたらした。

誰が何の目的で???

知的生命体は地球をテラフォーミングした。

遺伝子を収集して、次の時代に備えた。我々人類は如何に対応すべきか。

定価1600円（税別）

宇宙と意識

空不動 著

意識とは進化の過程で取得した機能？とんでもない！宇宙の初めに意識があった。意識の中に宇宙が存在し、展開している。意識と物理学を切り離して考えてはならない。

6次元の多世界宇宙の一断面が私達が住む宇宙。

多世界宇宙から見れば、準光速で生じる時間遅れも、二重スリット実験も、量子もつれも、シュレーディンガーの猫も、ブラックホールの特異点も納得。宇宙は相対性原理と量子力学とを使い分けている。

定価2000円（税別）

現代の黙示録II　ガブリエルの怒り

空不動　著

前著『現代の黙示録／イエスは聖書を認めない』シリーズ第2弾。

二元論の普遍的世界観により新たなる人類の秩序を構築し、人類を覚醒に導く。

現代社会の欺瞞を糾弾し、独善的思想を排除し、民主主義を改良して、左翼思想から世界を守り、世界は日本に普遍的思想と行動を期待し、日本を中心に未来を構築する。ガブリエルはユダヤの犯した過ちを裁き、イエスの再臨を促して神と悪魔の対立を否定し、現代に蔓延る「人造の神」を一刀両断し、般若心経が世界を作り替える。

定価2200円（税別）

✂（きりとり線）

〒104-8238

献文舎

東京都中央区銀座5-15-1
南海東京ビル1F SP865

読者係

増補改訂版 宇宙と意識

●本書を購入されたきっかけを教えてください。
　①新聞　　　　②書店で見て　　　　③YouTubeを見て
　④その他（　　　　　　　　　　　　　　　　　　　　）

●本書『増補改訂版 宇宙と意識』の感想をお書きください。

●今後どのような出版物を希望されますか。

●献文舎からの案内を
　①希望する　　　　　②希望しない

お名前：

ご住所：

性　別：男・女　│　年齢：　　　歳　│　ご職業：

〈表面〉

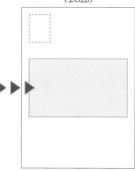

切り取り、又はコピーして
ハガキの表面に貼り付けて
ください。

〈裏面〉

回答、お名前・ご住所など
をご記入のうえ、切り取り
又はコピーしてハガキの裏
面に貼り付けてください。
とくに角はしっかりと貼っ
てください。
※ハガキに直接お書きいた
　だいてもかまいません。

（きりとり線）✂

【著者紹介】
空 不動（くう ふどう）

本名　岩根和郎（いわねわろう）　**1943 年 2 月 4 日生まれ**

　大学では物理学を学び、国立大学の研究機関では工学と医学の境界領域の先駆的研究に十数年従事。退官後は IT 企業の経営者として、同時に研究者として、画像処理技術に基づく独創的な AI、IoT、スマートシティの研究開発ならびに関連事業を展開中。二十数件の特許を有する。普遍的な世界観から生まれた独自の特許技術による、しかも三十年前から提案している「もう一つの地球」プロジェクトは、今話題のメタバースを先取りした更なる進化版であり、国内外から大きな期待と注目を浴びている。

　氏の人生は文字どおり、普遍の真理と宇宙を探求し続ける研究者であると同時に修行者である。その明晰な頭脳と知性は霊性と融合し、「人類の真の恒久平和」の実現に邁進する。

　そのスケールの大きさと真理に照らし徹底して現実を生きる『無礙自在』の氏の姿は、周囲を魅了せずにはいられない。正に宇宙時代を迎える地球に降りてきた使徒と言えよう。

　主な著作には『人間やりなおし』、『自分の発見』、般若心経シリーズ『暗号は解読された般若心経』『同／改訂版』『未完成だった般若心経』、『現代の黙示録／イエスは聖書を認めない』『現代の黙示録Ⅱ／ガブリエルの怒り』、『月は宇宙船だった／2 億 6700 万年前に地球と会合』、『宇宙と意識』（ともに献文舎刊）などがある。

増補改訂版

宇宙と意識

令和五年二月四日　一刷発行

著者　　　　空 不動

編集責任　　佐藤理恵子

発行人　　　工藤眞宙見

発行所　　　献文舎

　　　　　　〒104-82338　東京都中央区銀座5・15・1
　　　　　　南海東京ビルSP865

eメール　　kembunsha@yarinaoshi.com

　　　　　　※トラブルを避けるため、発信者が特定されない
　　　　　　メールは自動的に破棄されます。

電話　　　　03（3549）3290

発売所　　　星雲社（共同出版社・流通責任出版社）

印刷　　　　ベクトル印刷

©Kuu Fudou 2023　Printed in Japan

落丁・乱丁本はお取りかえいたします。

本書に関するお問合せは文書にて、献文舎編集局まで。

ISBN978-4-434-31608-1 C0042　￥2000E